[2 COOKBOOK

VUOI CUCINARE E MANGIARE CIBI INTERNAZIONALI ?

Arabic And Mexican Food Recipes !
Italian Language Edition

Ricette Alimentari Provenienti Dal Messico e Dall' Arabia Saudita

A Complete Cookbook For Breakfast, Lunch And Dinner !

Food And Beverage - World

LIBRO 1

SCOPRI LE MIGLIORI RICETTE MESSICANE !

Mexican Food Recipes - Italian Language Edition :

Ricettario Con Cibi Ed Alimenti Provenienti Dal Messico

Complete Cookbook For Breakfast, Lunch And Dinner !

Food And Beverage - World

UN PO' DI STORIA Pensando al Messico, sicuramente la prima cosa che viene in mente è la fiesta, momento in cui il Messicano condivide con amici e parenti un avvenimento speciale festeggiando con musica e pietanze tipiche come tamales, mole, carnitas o chilaquiles... Prima però di inoltrarci in argomentazioni prettamente culinarie, per poter ben comprendere la cucina del Messico è d'obbligo fare un breve cenno storico. La cucina odierna si è formata tramite tappe evolutive basate su conquiste e invasioni europee e il suo segreto sta proprio nell'indovinata unione tra gli ingredienti tipici della cucina europea e quelli indigeni, a noi a volte ancora completamente estranei. La Cucina Precolombiana Gli ingredienti della cucina azteca erano soprattutto prodotti della agricoltura: cereali e verdura, in particolare zucchine (e fiori di zucchina), nopales (pale di cactus), fagioli e mais. Per insaporire il cibo era onnipresente - e lo è tuttoggi - il chile, cioè il peperoncino, ma molto impiegati per il loro valore aromatico erano sicuramente anche vaniglia e cacao. Il consumo di carne era proprio delle classi agiate e religiose: venivano cucinate quaglie, tacchini, ma anche, seppur più raramente, cani (cibo speciale per le festività religiose), pesce e cacciagione. Tra le bevande che ci sono state tramandate ricordiamo l'atole, una farinata di mais, simile a una pappa abbastanza liquida, profumata con cannella, cioccolata o frutta fresca, consumata come primo pasto. L'agua miel altro non è che la linfa zuccherina di Agave americana, dalla cui fermentazione si otterrà poi il notissimo pulque. Non dimentichiamo poi che di origine messicana è la cioccolata, deliziosa bevanda calda che così tanto successo ha riscosso tra i Paesi del Vecchio Continente. In quell'epoca veniva preparata diluendo il cacao e altre spezie in polvere con liquido caldo e aromatizzando con pepe roncino; ancora oggi in alcuni locali messicani viene servita questa versione piccante. L'Influenza Ispanica Gli Spagnoli hanno profondamente influenzato la civiltà india, contribuendo a creare la cultura messicana così come oggi la conosciamo.

Nel periodo di tempo che va dal 1521 al 1821, cioè dalla conquista alla dichiarazione di indipendenza dalla Spagna, in Messico si sviluppa una cucina completamente nuova, che unisce ingredienti europei e spagnoli con quelli autoctoni: pomodoro, cacao, zucca, patate (dolci e non), pomodori e peperoncino - questa elencazione può forse dare un'idea di quanto il Messico abbia contribuito con i suoi prodotti ad arricchire la cucina di tutto il resto del mondo. Per `ricambiare il favore' gli Spagnoli introdussero carni di allevamento (manzo, maiale, ovini e polli), ma anche vino, olio, grano, formaggio e, soprattutto, tecniche di cucina. La Cucina Attuale Scrive Marilyn Tausend nel bellissimo "Il Messico e la sua grande cucina" (Rizzoli Ed., 1992): " ... oggi la cucina messicana può essere annoverata, secondo molti esperti, tra le cinque cucine più creative e degne di nota del mondo, assieme a quella francese, indiana, cinese e italiana". Per i Messicani la loro è addirittura la terza più grande cucina al mondo dopo quella francese e cinese, ma non hanno torto visto l'originalità, la ricchezza e l'estrema varietà che la caratterizza. Gli ingredienti oggi impiegati rimangono in gran parte quelli presenti già in epoca precolombiana, ma la cucina di questo Paese si caratterizzadiversamente a seconda che si viaggi in zone costiere o dell'entroterra. Buona parte del Messico è bagnata dall'oceano (a est dall'Atlantico e a ovest dal Pacifico) e la cucina di questi territori vede un largo impiego di pesce e frutti di mare. Le pietanze delle regioni centrali sono invece soprattutto a base di carne, manzo, agnello e capretto. Si tratti di carne o di pesce, i contorni tipici sono costituiti da fagioli e riso che vengono preparati in svariati modi, spesso assolutamente inusuali per la cucina europea. Sono poi moltissime le varietà di verdure verdi reperibili nei mercati messicani e a esse si uniscono patate (la varietà amarillas è la migliore per preparazioni stufate, al forno ecc.), cipolle, pomodori e soprattutto zucchine. Di questa pianta vengono largamente impiegati sia i frutti, sia i fiori e i semi; quest'ultimi oltre che essere utilizzati per la preparazione di salse, vengono venduti come snack dopo essere stati leggermente tostati e salati.

Una parola va spesa anche per i dolci. È stata l'influenza spagnola e viennese a contribuire a fare dei dolci un capitolo importante della cucina messicana, in quanto in epoca precolombiana praticamente non esistevano. Come `dessert' veniva piuttosto utilizzata la splendida frutta esotica che la terra messicana offre: mango, papaie, ananas, guava, noci di cocco ecc. Tuttora è abitudine dei messicani iniziare la giornata - e a volte anche il pranzo - con fresche macedonie di frutta; diffuso è anche l'uso di trasformare la frutta fresca in deliziosi frullati o canditi. In ultimo, un consiglio che riguarda le bevande. Per accompagnare un pranzo tipico e attenuare il sapore piccante delle pietanze è meglio sorseggiare una delle buonissime birre messicane, piuttosto che acqua o vino (anche se di quest'ultimo esistono alcune buone marche). È anche abitudine portare in tavola caraffone di agua fresca, acqua aromatizzata con succhi e polpa di frutta, oppure soli succhi di frutta, frappè e, non dimentichiamo, caffè, meglio se con leche, un caffelatte molto chiaro che i Messicani sorbiscono a grosse tazze a ogni ora del giorno. Tra gli alcolici non hanno bisogno di presentazioni acqueviti tipo la tequila o il mezcal, protagonisti anche di numerosi e famosi cocktail. Meno alcolico e più difficile da trovare il pulque, bevanda di antichissima tradizione preparata con la linfa zuccherina di agave che va consumato fresco. Mais, Fagioli e Peperoncino Questi tre elementi caratterizzanti la cucina precolombiana sono tuttora le voci dominanti di quasi tutti i piatti messicani. Variando il metodo di cottura e la presentazione contribuiscono all'elaborazione di svariate pietanze. Del mais si utilizzano le foglie, i funghi parassiti (huitlacoche), le pannocchie ancora tenere, da arrostire o lessare, e quelle mature i cui chicchi essiccati vengono ammorbiditi lasciandoli a bagno in acqua e calce pura. Macinati poi nel metate e impastate con acqua formeranno la masa, punto di partenza per tortillas, tamales, tacos, enchiladas ecc. Assolutamente indispensabile per allestire un menu tipico è la tortilla, cioè il pane messicano, una specie di piadina morbida e sottile preparata con farina di mais e acqua.

Assaggiare un piatto di cucina messicana senza accompa- gnarlo con tortillas è assolutamente improponibile: in tavola hanno la funzione di pane, piatto e posata. In alcune regioni settentrionali viene preferito l'impiego di farina di frumento, poiché lì è il cereale più coltivato. Anche in Italia, dove è difficile trovare una farina di mais di giusta macinatura e dove non viene visto di buon occhio l'impiego di calce a scopo alimentare, è meglio usare farina di frumento. La cucina messicana usa un'ampia varietà di chiles o peperoncini, a seconda del tipo di ingredienti e del tipo di pietanze. Il gusto piccante del peperoncino messicano non è infatti sempre uguale: le sfumature dei differenti tipi sono importanti e contribuiscono a caratterizzare determinate pietanze che altrimenti non sarebbero... fatte secondo tradizione. Ipeperoni messicani presentano varietà dolci, piccanti, piccantissime, e possono essere riuniti in due principali gruppi: i peperoni secchi e quelli freschi. Tra quest'ultimi ricordiamo il chile jalapeño, generalmente il più utilizzato, grande, di colore verde scuro e di consistenza carnosa. Simile è il cuaresmeño, mentre più grande e dolce è il poblano. Di uso frequente è anche il chile serrano, molto piccante e di dimensioni piccole. Esistono poi varietà verdi e rosse, simili a quelle normalmente rintracciabili anche in Italia. Tra i chiles secchi, largo impiego ha il chile ancho (il poblano essiccato), con aroma più agrodolce che piccante, così come il chile mulato, scuro e amarognolo. Nelle salse e nelle zuppe viene consigliato il chile pasilla piccolo, allungato e piccantissimo, mentre per piatti a base di carne è meglio il guajillo. Curioso è il sapore conferito alle pietanze dal cascabel, piccolo e tondo, che alla lontana ricorda quello di noce. Il chipotle (il jalapeño secco) e il morita si trovano anche affumicati e risultano quindi particolarmente aromatici. I chiles, che siano secchi o freschi, prima di essere uniti alle pietanze devono subire un particolare procedimento di preparazione (vedi pag. 11), indispensabile ad accentuarne l'aroma e a facilitarne la pulizia. Oltre al peperoncino tutta una serie di erbe aromatiche e verdure caratterizzano il sapore delle pietanze messicane, ricordiamo tra tutte il coriandolo (cilantro), il chenopodio (epazote) e la menta (hierba buena).

La Cucina Costiera Tra i pesci più utilizzati nelle preparazioni culinarie tipiche delle regioni costiere troviamo: lo squalo (cazòn) che, specie se giovane, viene considerato una ghiottoneria, il polpo (pulpo), il pagro (huachinango) e il branzino (ròbalo); tra i crostacei ricordiamo (camarones), le aragoste (langostes) e i granchi (cangrejos), specie quelli azzurri che si catturano lungo le coste del Golfo del Messico. Tra i molluschi in conchiglia, invece, sono deliziosi i vari tipi di vongole (almejas) e le ostriche (ostiones). Forse il piatto più rappresentativo della cucina messicana della costa a base di pescado (pesce) e mariscos (frutti di mare) è il ceviche, nel quale la polpa di pesce viene fatta marinare nel limone e insaporita con cipolla, pomodoro, erbe aromatiche, peperoncino e sale. Tra le altre proposte culinarie ricordiamo i raffinati gamberi al mojo de ajo, in cui i crostacei dopo essere stati scottati sulla griglia vengono serviti accompagnanti da una salsa a base di aglio. Merita una citazione anche il vuelve a la vita, un cocktail di frutti di mare e salsa a base di avocado, limone, cipolla, peperoncino e coriandolo. Il nome, che significa "ritorno alla vita", gli viene per l'alto contenuto nutrizionale degli ingredienti (ostriche, cozze ecc.) che dicono essere capace di resuscitare anche i morti. La Cucina Dell'Entroterra Come abbiamo segnalato all'inizio, l'impiego di carne nella cucina messicana è divenuto più importante dopo le invasioni spagnole. Mentre prima facevano la loro comparsa solo in feste e ricorrenze particolari, e spesso solo sulla tavola delle classi più agiate, dopo le pietanze con carne si fanno più frequenti e variate. Fra i piatti di questa `nuova' cucina ricordiamo las carnitas, a base di carne di maiale lessata in pentola di rame e servita accompagnata da salse e tortillas. Specialità tipica del Nord del Messico è invece il caprito al pastor nel quale il capretto da latte viene cotto allo spiedo e servito con tortillas di farina di frumento. La birrìa, stufato di agnello cotto nel brodo, viene invece mangiato il giorno seguente a una forte sbronza per alleviarne gli effetti. Antenato fondatore della stirpe dei moderni barbecue, intesi come metodo di cottura all'aperto sulla brace,è sicuramente il barbacoa.

In questa specialità degli altopiani messicani la carne di agnello o montone viene cotta dopo essere stata avvolta in foglie di maguey, all'interno di una piccola fossa sca- vata nel terreno, sul cui fondo sono state sistemate braci ardenti protette da sassi. Sempre in una fossa scavata nel terreno viene cotta il chochinita pibil, maialino da latte avvolto in foglie di banano, che nello Yucatan viene poi servito con anatto e salsa di cipolla rossa. Sicuramente però il piatto tradizionale più noto, più buono, è il mole poblano de guajolote, il tacchino cucinato con una salsa speziata. Il mole è infatti a base di peperoncino, cacao, noccioline americane, cannella macinati e molte altre spezie (secondo tradizione gli ingredienti dovrebbero essere più di 50); il tutto ridotto in polvere e diluito con brodo viene utilizzato per cuocere il tacchino lessato. Questa pietanza, originaria di Puebla, prevede una cottura di circa 3 giorni e viene servita in occasione di ricorrenze particolari come matrimoni, battesimi o anniversari. Una breve segnalazione meritano anche i pesci di acqua dolce, tra cui trote, carpe e gamberi (acamayas). Nell'interno, inoltre, dove non c'era la possibilità di fornirsi di pesce di mare fresco, è molto diffuso l'uso nella cucina tradizionale di pesce essiccato, quale gamberi o merluzzo (bacalào). Gli Utensili Tradizionali Il metate è sicuramente tra gli arnesi più antichi della cucina messicana: fin dall'epoca azteca viene utilizzato per macinare i chicchi di mais (lasciati ammorbidire in acqua e calce). La farina viene poi impiegata nella masa, da cui si ricavavano piccole focaccine, le tortillas. La forma a quest'ultime viene data con un passaggio in un'apposita pressa, solitamente in ghisa (evitate quelle in alluminio). In Italia, dove è più opportuno preparare le tortillas con farina di frumento, è consigliabile, data la consistenza dell'impasto, stenderle con il matterello per evitare che la pasta si attacchi o si rompa. Per cuocere le tortillas viene poi utilizzato il comàl, un largo piatto in ceramica che, posto su fiamma vivace, serve anche a riscaldare tacos, quesadillas e altre vivande. Quasi tutte le pietanze prevedono l'impiego del molcajete nel corso della preparazione. Si tratta di un mortaio in basalto in cui vengono macinate le spezie prima di essere unite con pomodoro, avocado, cipolla o aglio (sempre lavorati col mortaio).

Le salse acquistano così un sapore particolare. Tra le pentole, particolarmente usata è la olla, una pentola di coccio dall'apertura abbastanza larga, utile per la preparazione di fagioli, stufati ecc. Per sostituire questi arnesi, nelle nostre cucina ci verranno certamente in aiuto, normali mortai, mixer e frullatori elettrici, taglieri e mezzelune (alcune salse vanno solo sminuzzate), pentole di coccio, padelle in ferro e in alluminio. I Condimenti Messicani L'aceto messicano viene prodotto da frutta quale banane, ananas, mele o canna da zucchero e ha quindi un sapore meno marcato di quello nostro di vino. Sarà quindi sempre meglio usare aceto di mele o, se non è possibile, diluire l'aceto di vino in acqua per attenuarne il sapore. In Messico l'olivo è stato importato dagli Spagnoli e solo ultimamente sta allargando le sue produzioni tanto da divenire competitivo verso i grassi tradizionali, spesso di origine animale. Le ricette tipiche suggeriscono infatti quasi esclusivamente l'uso di manteca, per noi traducibile a volte con margarina vegetale a volte con strutto di maiale. Meno frequente è l'utilizzo di mantequilla o burro, soprattutto usata per dolci. Se l'olio viene indicato come ingrediente si tratta soprattutto di aceite de maíz, olio di mais. Nelle ricette che vipresentiamo abbiamo preferito dove possibile sostituire i grassi animali con quelli vegetali. Che scegliate olio di oliva (nel caso è meglio quello extravergine) o di mais, vi raccomandiamo che sia ottenuto da prima spremitura a freddo, caratteristica che vi garantisce un prodotto qualitativamente valido. La cucina messicana prevede l'utilizzo di ingredienti particolari, che non sempre saranno rintracciabili al di fuori del Messico. A nostro favore c'è sicuramente il fatto che essa sta con gli anni ampliando la sua fama e i primi prodotti di importazione fanno la loro comparsa sugli scaffali di supermarket e negozi più forniti. Sempre più spesso inoltre vengono aperti locali di ispirazione messicana che si appoggiano all'esperienza di cuochi originari di quel Paese. A loro potrete in caso estremo rivolgervi per chiedere consigli e indicazioni sul rifornimento di prodotti indispensabili: scoprirete con piacere quanto questa gente riservata sia gentile e disponibile.

Vista comunque la possibile difficoltà che un amatore alle prime armi o un semplice curioso può avere nell'orientarsi tra i vari ingredienti e voci culinarie del Messico, abbiamo scelto di dedicare il prossimo capitolo a un pratico glossario che darà spiegazione e suggerirà possibili sostituzioni. Spero che questa introduzione abbia stuzzicato la vostra curiosità e che, quindi, la prossima festa o cena comprenda qualche pietanza messicana. A noi, oltre che chiaramente la presentazione delle ricette nelle prossime pagine, non resta che augurarvi buon appetito, o meglio... buen provecho. Parole E Cucina Agua de...: limón, tamarindo, jamaica, melón, papaya (facilita la digestione), de piña. Bevande rinfrescanti e dissetanti a base di frutta fresca con acqua e zucchero; più particolare l'agua de orchi ata, preparata con farina di riso, cannella e zucchero. Aguacate (avocado): è conosciuto in Messico come "il burro dei poveri". Molto utilizzato anche per minestre, oltre a essere gustato condito con un po' di sale e accompagnato da tortillas, viene tritato e mescolato con peperoncino, cipolla e pomodoro per il gustoso guacamole. L'avocado va sempre utilizzato ben maturo: allo scopo palpatelo e avvolgetelo in sacchetti di carta e, solo dopo, conservatelo in frigorifero. Antojitos: vengono impropriamente da noi tradotti come "antipasti", si tratta in realtà di stuzzichini particolarmente gustosi, spesso offerti da venditori ambulanti lungo le strade del Messico. Tacos, quesadillas, sopes, memelas, tostadas: sono pietanze di origini popolari, molto modeste, e quasi sempre a base di tortillas. Birría: capretto o agnello da latte che, condito con una salsa di peperoncini e spezie, viene stufato lentamente per ore in una pentola di coccio tenuta incoperchiata. Burritos: pietanza tipica delle regioni settentrionali, praticamente si tratta di grossi tacos preparati con tortillas di farina bianca. Vengono spesso farciti con carne di manzo essiccata e sfilacciata (machaca), arrotolati, rosolati in poco olio e accompagnati con fagioli e salse piccanti. Cacauate (arachidi): di origine messicana, vengono essiccate e macinate per essere poi utilizzate per insaporire diverse pietanze e salse, tra cui il mole.

Carnitas: carne fatta a pezzettini e cotta alla brace o stufata; viene servita con tortillas calde e salse perché ciascun commensale possa prepararsi i tacos. Cazón: pesce squalo molto utilizzato nelle preparazioni culinarie delle regioni costiere. Particolarmente prelibato è quello giovane che trova nel ceviche la giusta celebrazione. Cerveza (birra): la birra messicana non ha niente da invidiare a quellepiù note di altri Paesi. È certamente la bevanda più adatta ad accompagnare i cibi piccanti di questa cucina, meglio sicuramente del vino e dell'acqua. Può accadere che vi venga servita in un icchiere (quando non direttamente dalla bottiglia) con il bordo bagnato di lime e cosparso di sale per esaltarne il sapore. Chile (peperoncino): in Messico esistono perlomeno 100 varietà diverse di chiles e ciascuna con il suo particolare aroma è indispensabile alla buona riuscita di una pietanza tradizionale. Ci si potrà rifornire di alcuni chiles essiccati o conservati nei negozi con prodotti messicani: in particolare si trovano facilmente jalapeños, serranos e chipotle sottaceto o in salsa agrodolce, i quali si legano bene con molte pietanze e non necessitano (dato il metodo di conservazione) di preparazioni particolari. Volendo sarà poi possibile utilizzare i nostri peperoncini piccanti. Per i peperoni di grandi dimensioni si ripiegherà sulle varietà dolci (verdi o rosse), cui si farà anche riferimento se la pietanza richiede anche la `sostanza' di questo ortaggio oltre che il suo aroma piccante (salse tipo guacamole ecc.). Perché durante la cottura possano sprigionare tutto il loro aroma, è importante che i chiles subiscano un particolare trattamento prima di essere cucinati. Chiles freschi: vanno scottati in una padella, possibilmente di acciaio o antiaderente (tradizionalmente deve essere usato il comal) finché la pelle esterna non diviene uniformemente nera - meglio quindi girarli spesso, premendoli sul fondo del tegame con una spatola in legno, ma occorre fare attenzione a non bruciare la polpa, altrimenti si trasmetterà alle pietanze un sapore amaro. L'operazione potrà anche essere eseguita sulla fiamma diretta, rigirando i peperoni con delle molle. Lasciateli poi riposare per 10- 15 minuti in un sacchetto di plastica o avvolti in un panno, in modo che, `sudando', la pellicina esterna si sollevi dalla polpa permettendone un'agevole asportazione.

Se avete ancora qualche difficoltà, aiutatevi con un coltellino affilato o passate sotto acqua fredda. Oltre che dalla pellicina esterna, i peperoni vanno puliti anche dei semi (eccessivamente piccanti) e delle membrane interne. Nel caso vadano poi ripieni, fate attenzione a non rovinarli, mantenete il peduncolo e praticate un'incisione laterale per riuscire ad arrivare all'interno con un coltellino affilato; sciacquate poi per eliminare ogni residuo. Se invece andranno tagliati a filetti (rajas) o tritati, debbono subire tutto il procedimento appena spiegato. In Messico se non si ama il gusto troppo piccante di determinate varietà di chiles freschi si consiglia di farli prima macerare in una miscela di acqua, sale e aceto: lasciateli a bagno per circa 30-40 minuti e poi sciacquateli. Chiles secchi: anch'essi vanno scottati in padella lasciandoli colorire per 1-2 minuti da entrambe le parti; puliteli quindi con un panno umido e, aiutandovi con un coltellino affilato, privateli del peduncolo, dei semi e delle membrane interne. Qualora vi servano interi, non togliete il peduncolo e mondateli praticando un'incisione laterale. I chiles secchi dopo essere stati puliti possono venire tritati o frullati. Per alcune ricette vanno fatti ammorbidire in acqua tiepida per 15 minuti; l'acqua può poi essere utilizzata per la preparazione della pietanza. Se si chiede che vengano tagliati a filetti e brevemente soffritti come guarnizione finale dei piatti, non tostateli, ma puliteli semplicemente con un panno umido, quindi mondateli dai semi, tagliateli a sottili filetti e rosolateli in olio bollente. Come i chiles secchi trattate il nostro comune peperoncino rosso secco; lasciandolo debitamente ammorbidire in acqua tiepida potremo invece sostituirlo ai chiles freschi. Chorizo: salsiccia speziata di carne di maiale e mais. Ve ne sono di verdi o rosse. Per essere cucinata va liberata del budello protettivo e disfatta nel condimento. Potrete sostituirlo con altre salsicce speziate o piccanti di carne di maiale, oppure provare a preparare in casa un chorizo `nostrano' che si avvicina nel sapore a quellomessicano: in un recipiente di vetro o ceramica lasciate riposare per 10 minuti 200 g di carne di maiale grossolanamente tritata (la polpa deve essere priva di osso ma abbastanza grassa) con 1/2 bicchiere scarso di aceto di mele e 2 cucchiai di origano.

In un mortaio pestate e amalgamate 2 spicchi di aglio, 1/2 cucchiaino di sale, 1/2 cucchiaino di pepe, 2 chiodi di garofano, 1/2 cucchiaino di cannella in polvere, 1 cucchiaino di peperoncino rosso in polvere, 2-3 cucchiai di paprica. Aggiungete le spezie alla carne mescolando con le mani in modo da amalgamare bene il tutto - se non vi sembra sufficientemente rosso aumentate le dosi di paprica. Potrete usare questo chorizo subito (lasciatelo però insaporire in frigorifero per almeno 1-2 giorni), o conservarlo congelato o, aumentando le porzioni, insaccarlo in appositi budelli formando salsicce di circa 8-10 centimetri. Cilantro: è il nostro comune coriandolo (Coriandrum sativum) e assieme all'epazote e ai chiles è un aroma indispensabile per molte pietanze messicane. Crema de leche (crema di latte): molto utilizzata nella cucina messicana, è simile a una panna cremosa e acidula. Può essere da noi preparata mescolando a 1 tazza di panna fresca da cucina 2 cucchiai di yogurt naturale freschissimo. Lasciate riposare il composto in un recipiente coperto e a temperatura ambiente sin quando non inizierà a gonfiarsi, quindi riponete in frigorifero (si mantiene per 2-3 giorni). Epazote: è il chenopodio (Chenopodium ambrosoides), dall'aroma molto forte simile a quello della cedronella. Utilizzato soprattutto nella preparazione dei fagioli, sopas, funghi e verdure, può essere sostituito con coriandolo o con un misto di origano e timo. Escabeche: particolare metodo di cucina, che consiste nel fare marinare gli alimenti (verdure, pesce...) con aceto e aromi. Fidéos: pasta di grano tenero simile agli spaghetti, reperibile in vari formati (grossi, sottili ecc.). Il procedimento di cottura è completamente diverso da quello normalmente utilizzato da noi italiani (a eccezione di qualche zuppa genovese). La pasta, infatti, dopo essere stata spezzata, viene fatta rosolare in un condimento di olio e peperoncino sin quando non prende un bel colore dorato uniforme (mai troppo scuro altrimenti diviene amara). A questo punto viene scolata e nel tegame di cottura viene preparato il sugo. Quando la salsa avrà acquistato sapore, la si allunga con acqua o brodo e si rimettono i fideos a cottura mescolando sinché non avranno assorbito il liquido e risulteranno teneri.

Se vengono invece impiegati per la preparazione di una zuppa occorrerà aumentare le dosi di liquido. Possono essere sostituiti con pasta all'uovo. Flor de calabaza (fiori di zucchina): sono tra le verdure più impiegate nella cucina messicana. Considerati una prelibatezza, sono spesso ingrediente principale di zuppe, contorni, ripieni per tacos e quesadillas ecc. InMessico vengono venduti anche in scatola. Frijoles (fagioli): ne esistono diverse varietà ma sicuramente i più diffusi sono quelli piccoli e neri, venduti anche in Italia come "fagioli messicani". Frutas (frutta): menzione particolare merita la frutta esotica messicana, dal sapore squisito che è facile trovare anche in Italia nelle rivendite più fornite. Papaie, ananas, manghi, mamey di importazione non riusciranno però mai a eguagliare la bontà degli stessi frutti assaggiati nella loro terra di origine. Guacamole: salsa a base di avocado, cipolla, pomodoro e peperoncino, a piacere condita con olio. Utilizzata in genere per accompagnare antojitos può anche essere servita da solo con totopos. Hierba buena: è la Mentha spirata, molto utilizzata come erba aromatica. Huitlacoche: fungo parassita del mais di colore nerastro; è uningrediente prelibato di zuppe e quesadillas. Al di fuori del Messico il fungo viene distrutto dagli agricoltori al suo comparire, quindi lo si può trovare solo in scatola nei negozi forniti di prodotti messicani. Jamaica: più noto come carcadè, è il fiore dell'ibisco, che viene utilizzato secco per la preparazione di una bevanda dissetante servita ghiacciata. Lime: piccoli limoni verdi, dal profumo particolarmente aromatico. A volte, i cuochi messicani lo utilizzano al posto del sale. La varietà più apprezzata è quella leggermente amara della penisola dello Yucatan. Per noi saranno sicuramente più facilmente rinvenibili lime di provenienza persiana. Liquados: frappè a base di frutta fresca messicana (banane, mamey, noci, pinoli, papaia, cacao ecc.), latte e zucchero. Squisiti e nutrienti sono di facile preparazione: gli ingredienti (si aggiungono a volte anche uova) vengono frullati e il tutto va servito ben freddo. Maguey: Agave americana, fin dai tempi degli aztechi utilizzato (assieme ad altre specie dello stesso genere) per la preparazione di bevande alcoliche quali pulque, tequila e mezcal.

Le foglie di maguey, fatte bollire in uno sciroppo di zucchero grezzo, vengono anche usate per la preparazione di dessert. Una particolarità: nelle regioni del Centro un verme parassita del maguey, essiccato e macinato con sale, viene usato per aromatizzare mezcal e altri cocktail, oltre che salse per tacos. Masa: impasto-base di farina di mais e acqua per la preparazione delle tortillas. I chicchi di mais secchi prima di venire macinati vengono bolliti in acqua con cristalli di ossido di calcio per agevolare l'asportazione della pellicola esterna coriacea. In Messico si può acquistare fresca in panetteria o surgelata nei supermarket. In Italia sarà meglio usare le tortillas di mais precotte vendute nei negozi specializzati o preparare un impasto con farina bianca. Mezcal: acquavite messicana ottenuta dalla prima distillazione del succo fermentato di Agave tequilana (e altre specie affini). Mole: miscela di spezie (cioccolato, semi di zucca, pomodori, semi di sesamo...) caratterizzata dalla presenza di peperoncino che, diluita con brodo, è base di una squisita salsa di accompagnamento per tacchino o pollo. Ne esistono tipi differenti: i mole negro e coloradito vengono arricchiti con cacao; il verde è invece a base di verdure, tomates verdes ed erbe aromatiche. Un mole preparato secondo tradizione contiene fino a 50 ingredienti diversi e, per rendere più agevole la preparazione di questa salsa, in Messico vengono vendute confezioni di preparato già pronto. Nopales: spatole piatte di cactus simile al fico d'India che, pulite dalle spine e bollite per una decina di minuti, vengono tritate assieme a cipolla e utilizzate per farcire i tacos. Rappresentano una pietanza tipica della cucina tradizionale azteca. Oregano: con questo nome i Messicani non intendono propriamente il nostro Origanum sativum (che rimane comunque il miglior sostituto) bensì erbe aromatiche dei generi Polimentha e Lippia. Pan dulce (brioches): esistono diverse varietà di `pane dolce', con svariate forme e dimensioni, che accompagnano le prime colazioni dei Messicani e che sono un residuo dell'influenza spagnola. Alcuni tipi particolari servono poi per celebrare ricorrenze e festività. Pozole: zuppa di maiale e mais.

La pietanza - come molte altre giunte ai nostri giorni - con tutta probabilità nacque dall'esigenza di alcune suore spagnole di allestire un pranzo in occasione di un'importante festività religiosa utilizzando i pochi prodotti locali. Panuchos: tortillas imbottite a mo' di panino. Piloncillo: zucchero grezzo che in Messico viene venduto in coni eche prima di essere utilizzato va grattugiato. Può essere sostituito con zucchero grezzo in cristalli o zucchero di canna. Pulque: bevanda originaria messicana a basso tenore alcolico e a base di linfa fermentata di specie di Agave. Spesso viene servito mischiato a frutta ed è anche utilizzata per cucinare determinate pietanze. Quesadillas: tortillas di mais fritte e ripiene di patate, formaggio (da cui il nome), carne, verdure o funghi. Se vengono usate tortillas di farina bianca, limitatevi a scottarle in una padella senza condimento. Queso (formaggio): è quasi impossibile trovare in Italia i formaggi tipici messicani, vediamo quindi alcune possibili sostituzioni. Al posto del queso anejo si può usare del formaggio stagionato o semistagionato saporito, come pecorino, grana o asiago; il queso fresco è un formaggio fresco leggermente friabile e saporito che trova un buon sostituto nella feta greca (risciacquata dal sale); la mozzarella può invece essere usata al posto di un altro formaggio fresco, il queso panela. Sopes: tortillas più grandi del normale alle quali vengono aggiunti fagioli, formaggio, coriandolo e salsa. Tacos: tortillas sottile e morbida che ci si sbizzarrisce a farcire con fagioli, carne, salsa, verdure, funghi ecc. Conditi con diverse salse (messicana, guacamole...), in Messico vengono offerti dappertutto agli angoli delle strade. Tamales: il tamal è considerato in genere un piatto da fiesta. Si tratta di una pasta preparata con lo stesso impasto (masa) delle tortillas, farcita con chili (carne in salsa piccante) o mole con pollo, avvolta in foglie di mais o banano e cotta a vapore. Esistono anche tipi di tamales dolci, arricchiti con uva passa, in genere serviti con atole. Tequila: acquavite ottenuta dalla seconda fermentazione della linfa zuccherina di Agave tequilana (dalla prima si ottiene il mezcal), simile alla vodka per il grado alcolico e il colore chiaro, che diviene giallastro con l'invecchiamento.

I Messicani la bevono pura, come aperitivo prima del pranzo. In genere viene servita in piccoli bicchieri e il gusto viene esaltato dal sale e dal succo di lime con cui si accompagna. È anche molto usata per la preparazione di cocktail di fama internazionale, come la margarita o il tequila sunrise. Tomates o jitomate (pomodoro): ha largo impiego nella cucina messicana. Nelle ricette delle prossime pagine abbiamo consigliato sempre di usare pomodori sodi e maturi che in genere vengono tuffati in acqua bollente e privati della pellicina esterna. Eventualmente si possono sostituire con pelati o, se la ricetta richiede che dopo vengano frullati, con passata di pomodoro. Tomates verdes: malgrado il nome faccia pensare ai pomodori e siano della stessa famiglia botanica, si tratta di un frutto, molto simile all'uva spina. Prima di essere cucinato va mondato del rivestimento esterno (una membrana pergamenacea) e bollito per una decina di minuti; in genere viene poi frullato o tritato prima di essere utilizzato nelle pietanze. Ha un sapore gradevole, agrodolce, che ben si sposa con quello piccante del peperoncino con cui si accompagna. Viene chiamato anche tomatillo. Tortas: tranci di pane lungo e stretto (tipo la baguette francese) superimbottiti con formaggio, insalata, pomodoro, cipolle, uova, tacchino, pollo ecc. Tortillas: per i Messicani rappresenta il pane e il piatto con cui accompagnare le pietanze. Viene preparata con la masa, impasto di farina di mais, acqua e sale, da cui si ricavano sottili piadine larghe circa 10 centimetri. In Italia è però difficile riuscire a trovare una farina di mais di giusta macinatura ed è quindi meglio usare quella difrumento. La tortilla è base indispensabile per diverse altre pietanze messicane: tacos, tostadas, enchiladas ecc. Tostadas: tortillas di mais fritte lasciate raffreddare e utilizzate come supporto per strati di carne sfilacciata, insalata tagliata a listarelle, salse di vario tipo ecc. Totopos: piccoli pezzetti triangolari di tortillas di mais, fritti in olio bollente fino a renderli ben croccanti e poi usati freddi come crostini e chips.

AVVERTENZA ALLE RICETTE Le dosi delle ricette presentate nelle prossime pagine si riferiscono a 46 persone. Per qualsiasi ingrediente sconosciuto o fase di preparazione `estranea' alle nostre abitudini, Vi invitiamo a consultare il glossario.

Forza... Iniziamo !

TORTILLAS Come abbiamo già avuto modo di accennare nella parte introduttiva, sarà difficile per noi riuscire a ottenere una farina di mais che si avvicini a quella messicana per impastare la masa. Ricorreremo quindi a un impasto con farina di frumento che si avvicina il più possibile perlomeno al tipo di tortillas presenti nel Nord del Paese. Per quanto riguarda le tortillas di mais, indispensabili per enchiladas, chilaquiles, tostadas ecc., vi consigliamo di acquistare il tipo confezionato e precotto presso negozi specializzati in prodotti messicani. Una raccomandazione: poiché si rompono facilmente, prima di farcirle o ripiegarle è meglio tuffarle per 5-10 minuti in una casseruola in cui avrete portato a bollore acqua e 1-2 cucchiai di olio. Lasciate sobbollire piano sinché al tatto non si sentono ammorbidite (attenzione a non esagerare). Se si possiede un forno a microonde, basterà azionarlo per 15-20 secondi introducendo 2 tortillas per volta disposte su un piatto. Ma passiamo ora alla preparazione delle tortillas di farina bianca: mischiate 500 g di farina di frumento con un pizzico di sale, quindi dispo- netela a fontana e lavoratela con 3 cucchiai di olio di oliva (o margarina vegetale fatta prima ammorbidire e tagliata a pezzettini) e tanta acqua quanta ne sarà necessaria a ottenere un impasto omogeneo e della consi- stenza di quello per la pizza. Mantenendo il piano di lavoro ben infarinato stendete un po' di pasta alla volta, quindi ritagliate dei dischi che tirerete con il matterello a un diametro di circa 12-15 cm di diametro e il più sottile possibile (evitando però lacerazioni). In Messico si usa una particolare pressa in ghisa per dare la forma, se ce l'avete utilizzatela con attenzione perché spesso l'impasto vi risulterà più elastico di quello originale; abbiate anche l'accortezza di predisporre dei foglietti di plastica trasparenti sopra e sotto le palline di pasta che toglierete a operazione conclusa. Scaldate una padella di ferro o di alluminio (o, meglio ancora, il comal) su fiamma vivace e cuocete una tortillas alla volta rigirandola velocemente su ambo i lati: solo i bordi devono leggermente seccarsi e colorirsi, mentre per il resto la tortillas deve mantenersi morbida, elastica e bianca. Man mano che saranno pronte formate una pila che coprirete con un tovagliolo.

Nel caso con la masa vogliate preparare picaditas o quesadillas, non tirate eccessivamente la pasta, così da ottenere focaccine di 7-10 cm di diametro. SALSE Le salse messicane si suddividono principalmente in salse frullate e sminuzzate. Le prime possono essere preparate con il frullatore e solitamente risultano molto liquide. Le seconde sono più sode perché gli ingredienti vengono tritati e assumono più l'aspetto di una macedonia di verdure. Le salse sminuzzate vengono usate soprattutto per accompagnare carni alle braci o impanate e come guarnizione.

GELATINA DI PEPERONCINO PICCANTE 5 medi peperoni jalapenos 2 piccoli peperoni Verdi a campana e 1 piccolo rosso 6 tazze di zucchero 2 tazze di aceto di mele 1 bottiglia da 6 ounce o 2 sacchetti da 3 ounce di pectina liquida qualche goccia di colorante alimentare verde o rosso (opzionale) 6 vasi da conserva da half pint o vasi da marmellata Indossando i guanti di gomma aprire e allargare i peperoni, privarli dei semi e tritarli accuratamente. Ripetere il procedimento con I peperoncini verdi e rossi. Mettere tutti i peperoni in un frullatore e tritare finchè saranno ridotti in crema. In una pentola larga miscelare la crema di peperoni lo zucchero e l'aceto a fuco alto. Quando inizia a ribollire, mescolando continuamente,aggiungere la pactina e riportare a forte bollore. Far bollire esattamente un minuto. Togliere dal fuoco, aggiungere il colorante se si vuole, schiumare e mettere immediatamente nei vasetti da half-pint; completare la sterilizzazione bollendo in acqua per 10 minuti o sigillando i vasetti con la paraffina.

GUACAMOLE 1-2 avocadi ben maturi, 1-2 chiles serranos, 2 pomodori maturi e sodi, 2-3 gambi di coriandolo, il succo di 1/2 limone, 1/2 cipolla piccola, 1 spicchio di aglio (facoltativo), sale. In genere si sconsiglia di preparare il guacamole con il frullatore, poiché gli ingredienti vengono troppo sminuzzati. Meglio piuttosto utilizzare una forchetta o la mezzaluna. Mondate gli avocado, scavate la polpa e sminuzzatela. Mescolatela poi con delicatezza assieme alla cipolla e all'aglio finemente tritati, ai pomodori tagliati a cubetti e ai peperoni a fettine sottili. Insaporite con un trito di coriandolo e succo di limone a proprio piacere; salate solo al momento di servire per non rischiare di fare annerire l'avocado. Il guacamole, oltre che per guarnire tacos e tostadas può essere servito come antipasto accompagnandolo con totopos o crostini, oppure usato come salsa di accompagnamento per carni alla brace e impanate. Eventualmente è possibile arricchirlo con 1-2 cucchiai di olio di oliva. Se non si ha la possibilità di utilizzare i chiles tradizionali, potrete ovviare con 1 peperoncino verde fresco piccante (o uno rosso essiccato fatto ammorbidire in acqua calda) e usarne I verde dolce per dare la giusta consistenza e arricchire la salsa di `verde' come vuole la tradizione.

SALSA ALLE CIPOLLE: 500 g di cipolle rosse, 2 spicchi di aglio, 2 foglie di alloro, 1 mazzetto aromatico (timo, maggiorana, origano...), 1 peperoncino verde piccante fresco, il succo di 2 limoni, 2 cucchiai di olio, sale, pepe. Mondate e affettate sottilmente le cipolle, quindi fatele soffriggere in una padella con l'olio. Prima che prendano colore unite il succo di limone diluito in un po' di acqua, gli aromi finemente tritati, il peperoncino mondato e tagliato a filetti sottili, sale e una macinata di pepe. Lasciate ammorbidire le cipolle, quindi spegnete. Il succo di limone può essere sostituito con 1/2 bicchiere di aceto di mele.

SALSA ALLE NOCI: 100 g di gherigli di noci, 200 g di formaggio fresco tipo feta, 1 tazza e 1/2 di latte, 1 tazza di panna da cucina, 2 cucchiai di zucchero, sale. Pulite i gherigli di noce dalla pellicina esterna dopo averli lasciati immersi in acqua bollente per 10 minuti, quindi lasciateli riposare nel latte per tutta la notte. Scolate le noci e frullatele con tutti gli altri ingredienti fino a ottenere un composto omogeneo. Se la salsa risultasse troppo densa, diluitela con un po' del latte di macerazione.

SALSA ALLE OLIVE E PEPERONI 2 scatole di olive nere snocciolate 8 o 10 peperoni poblano, arrostiti, pelati e tritati, circa 1 tazza 3 scalogni, tagliati a pezzi di 1 inch di lunghezza 1 piccolo pomodoro, tagliato in quarti e scolato 2 cucchiai di olio 2 cucchiai di aceto di mele 1 cucchiaio di prezzemolo fresco tritato Mettere tutti gli ingredienti in un mixer e tritare grossolanamente.Servire come salsa per jicama affettate e/o tortillas.

SALSA ALL'ORIGANO: 300 g di pomodori maturi e sodi, 2 chiles chipotles, 1/2 cipolla piccola, 1 cucchiaino di origano secco o 2 rametti di origano fresco, 1 cucchiaino di sale. Pulite i peperoncini con un panno umido, scottateli in una padella di ferro per pochi minuti e poi lasciateli riposare in acqua calda (appena da ricoprirli) per una decina di minuti come indicato a pag. 11. Tuffate i pomodori in acqua bollente per privarli facilmente della pellicina esterna e frullateli con la cipolla. Amalgamate poi alla salsa un trito finissimo di peperoncini e l'origano, insaporite con il sale e lasciate riposare un poco prima di servire.

SALSA CALDA: 400 g di pomodori maturi e sodi, 1/2 cipolla, 2 peperoncini verdi piccanti, 2 cucchiai di olio, 1/2 tazza di crema di latte, sale. Rosolate la cipolla e i peperoncini finemente tritati nell'olio, quindi mettete a cottura anche i pomodori puliti dalla pellicina esterna e tritati e fate asciugare su fiamma vivace. Prima di spegnere salate e versate la crema mescolando con cura. Lasciate riacquistare calore prima di servire.

SALSA CRUDA DI POMODORO: 300 g di pomodori maturi e sodi, 2 peperoncini verdi piccanti, 1/2 cipolla piccola, 1 ciuffo di coriandolo, 1 cucchiaino di sale. Scottate per pochi istanti i pomodori in acqua bollente così da riuscire a privarli facilmente della pelle, quindi puliteli dai semi e tritateli (o passateli brevemente al mixer) con i peperoncini e la cipolla. Insaporiteli con il coriandolo e sale.

SALSA DI FAGIOLI: 500 g di fagioli messicani lessati e la loro acqua di cottura, 1/2 cipolla piccola, 1/4 1 di panna da cucina, 2 cucchiai di olio d'oliva, sale. Potrete comunque impiegare la varietà di fagioli più facilmente a vostra disposizione che lesserete secondo le indicazioni di pag. 52 o usare quelli in scatola con il liquido di conservazione. Frullate i fagioli fino a ottenere una crema che, se non sufficientemente liquida, allungherete con un po' di acqua. In un tegame scaldate l'olio e rosolate la cipolla a pezzi; versate la crema e lasciatela scaldare per alcuni minuti. Salate e, prima di spegnere, togliete la cipolla e diluite con la panna. Questa salsa può essere usata in sostituzione dei più tradizionali fagioli schiacciati per insaporire tacos, tostadas e panini.

SALSA DI POMODORO E AVOCADO: 300 g di pomodori maturi e sodi, 2 avoc adi, 1/2 cipolla piccola, 1 ciuffo di coriandolo, 2 peperoncini verdi piccanti, sale. Tuffate i pomodori in acqua bollente per privarli della pellicina esterna e tritateli finemente. In una scodella mescolateli a cipolla, coriandolo e peperoncini tutti finemente tritati. Insaporite con il sale e, in ultimo, in modo che non scurisca, unite anche la polpa di avocado tritata.

SALSA DI TOMATES VERDES: 500 g di tomates verdes, 3 chiles serranos, 1 spicchio di aglio, 1/2 cipolla piccola, 1 ciuffo di coriandolo, I cucchiaino di sale. Pulite i peperoncini del peduncolo e poneteli a cuocere assieme ai tomates puliti dal calice esterno e a 3 tazze di acqua. Lasciate sobbollire per 10 minuti, quindi scolate la verdura e frullatela con aglio, cipolla, sale e 1/2 tazza dell'acqua di cottura. In ultimo unite il coriandolo tritato e lasciate insaporire e raffreddare prima di utilizzare. La stessa ricetta può essereutilizzata per preparare una salsa cotta di pomodoro (sostituite i tomates con una uguale quantità di pomodori maturi).

SALSA MESSICANA: 3 pomodori maturi e sodi, 1 cipolla, 3 chiles serranos, 1 manciata di coriandolo, il succo filtrato di 1/2 limone, sale. Mondate i peperoncini come indicato a pag 11. Private i pomodori della pellicina esterna e tritateli molto finemente. In una scodella mescolateli con i peperoncini, la cipolla e il coriandolo tutti finemente tritati, il succo di limone e sale. Coprite e lasciate riposare per almeno 1 ora prima di servire.

SALSA PICCANTE: 5 chiles pasillas, 1/2 cipolla, 5 spicchi di aglio, 1/2 tazza di aceto di mele, 1/2 cucchiaino di maggiorana, 1/2 cucchiaino di origano, 1/2 foglia di alloro, 1 chiodo di garofano, 2 grani di pepe, 1/2 bicchiere di olio di oliva, 1 cucchiaino di sale. Aprite i peperoncini e puliteli dai semi e dalle membrane interne, quindi tostateli in una padella di ferro assieme agli spicchi di aglio e alla cipolla a pezzetti. Passate tutto in una pentola unendo l'aceto, aromi e spezie e lasciate sobbollire piano per circa 20 minuti, poi frullate tutto fino a ottenere un composto omogeneo cui, mescolando, emulsionerete l'olio e il sale. Prima di consumare lasciate insaporire per mezz'ora. Volendo potrete conservare la salsa dopo averla travasata in bottiglie a chiusura ermetica e debitamente sterilizzate. Questa salsa piccante la si trova facilmente anche nei negozi specializzati: se ben conservata dura illimitatamente e ne basta anche solo uno spruzzo per insaporire carni, verdure o altre pietanze a vostro gusto.

SALSA ROSSA: 50 g di chiles mulatos, 1 arancia molto succosa, 1 spicchio di aglio, 1/2 cipolla piccola, sale. Aprite i peperoncini privandoli di semi e pellicine interne, quindi scottateli e lasciateli in ammollo coperti di acqua calda per 10 minuti circa come indicato a pag. 11. Lavorateli poi in un mortaio con lo spicchio di aglio fino a ottenere un composto omogeneo che diluirete con il succo di arancia filtrato. In ultimo insaporite con sale e con la cipolla finemente tritata.

SALSA UBRIACA (Salsa borracha): 100 g di chiles pasillas, 2 spicchi di aglio, 1/2 cipolla piccola, 100 g di formaggio stagionato piccante, 1/4 l di pulque (o birra mista a tequila), sale. Aprite i peperoncini, scottateli e puliteli come indicato a pag. 11, poi lasciateli a bagno in acqua calda per 10-15 minuti e lavorateli in un mortaio con l'aglio spezzettato e il pulque fino a ottenere un composto omogeneo e giustamente liquido. Aggiustate di sale e servite in una salsiera guarnendolo con la cipolla finemente tritata e il formaggio grattugiato. È quasi impossibile trovare del pulque in Italia, essendo un fermentato che si consuma fresco. In sua sostituzione potrete utilizzare una miscela di birra (per dare la giusta consistenza) aromatizzata con uno spruzzo di tequila.

SALSA VERDE: 300 g di tomates verdes, 2 peperoncini verdi piccanti freschi, 2 spicchi di aglio, 1/2 cipolla piccola, 1 ciuffo di coriandolo, 1 tazza di brodo, sale. Portate a bollore una pentola con 2 tazze di acqua e mettete a cuocere i tomates puliti dal rivestimento esterno, i peperoncini mondati dal peduncolo e l'aglio. Dopo 10 minuti scolate tutto e frullatelo con la cipolla. Insaporite con sale e il coriandolo finemente tritato, e allungate con il brodo. In Messico questa salsa viene spesso utilizzata per la preparazione di enchiladas; nel caso aumentate la dose di brodo in modo che risulti piùliquida.

ZUPPE CREMA DI MAIS (Crema de elote) 300 g di mais in chicchi, 3 gambi di sedano, 2 porri, 2 cucchiai di farina, 1/2 l di latte, 50 g di burro, sale. Se utilizzate mais in pannocchie (con chicchi teneri) e non in scatola, abbiate l'accortezza di scottarli prima in acqua salata. Iniziate a preparare ma crema blanca, che nella cucina messicana è base di partenza per numerose minestre. In una casseruola sciogliete il burro, quindi unite il porro e il gambo di sedano, mondati e tagliati a pezzi, lasciandoli soffriggere per qualche minuto. Stemperate la farina nel condimento e versate il latte, mescolando con cura in modo che non si formino grumi. Non appena la crema prende il bollore eliminate porro e sedano: se dovesse risultare troppo liquida lasciatela sobbollire più a lungo, in caso contrario diluitela con un po' di latte caldo. Frullate la crema bianca con i chicchi di mais, quindi, se desiderate eliminare le pellicine, passate tutto al setaccio. Salate e scaldate la crema su fiamma bassa prima di servirla. Alcuni aggiungono una crema anche fiori di zucchina mondati, grossolanamente tritati e stufati con un po' di olio.

ZUPPA DI FIORI DI ZUCCHINA 250 g di fiori di zucchina, 250 g di zucchine novelle, 70 g di chicchi di mais lessati, 2 chiles poblanos (o serranos), 1/2 cipolla piccola, 1/2 tazza di crema di latte, 1 l di brodo, 30 g di burro, sale. Mondate la verdura: tagliate le zucchine a tocchetti; pulite i fiori del peduncolo e dei pistilli e tritateli grossolanamente; preparate i peperoni seguendo le indicazioni di pag. 11 e riduceteli in sottili filetti; sgranate le pannocchie. Rosolate la cipolla finemente tritata nel burro e, non appena sarà diventata trasparente, unite il resto delle verdure e, mescolando, lasciate insaporire bene. Abbassate la fiamma e portate a cottura a tegame coperto e fiamma bassa. Prima di spegnere unite il brodo caldo, salate e lasciate sobbollire ancora per 5 minuti. Versate la crema di latte in una zuppiera, diluitela con un po' di minestra, quindi, mescolando, versate anche il resto e servite immediatamente.

ZUPPA DI FUNGHI (Sopa de huitlacoche) 150 g di funghi huitlacoche (freschi o in scatola), 1/2 cipolla piccola, 2 spicchi di aglio, 2 rametti di epazote, 2 cucchiai di farina, 1/2 l di latte, 1/4 l di panna, 1/2 l di brodo di pollo, 50 g di burro, sale. Iniziate con il preparare una crema bianca di base: in una casseruola lasciate sciogliere il burro, unite la cipolla e l'aglio finemente tritati e, prima che prendano colore, stemperate con cura la farina nel condimento. Senza smettere di mescolare versate il latte caldo, poco per volta, in modo che non si formino grumi, quindi unite anche il brodo e i funghi che avrete frullato con un po' di brodo. Lasciate scaldare la zuppa su fiamma moderata per 5 minuti, insaporendo con sale e un trito finissimo di epazote. In ultimo amalgamate anche la panna; lasciate riprendere il bollore e servite ben calda.

ZUPPA DI GRANTURCO E PEPERONI 4 tazze granturco fresco 1 tazza brodo di pollo 2 cucchiaio tav di burro 2 tazze latte sale e pepe 2 cucchiai tav peperoni medi verdi (Poblano or Anaheim)arrostiti, pelati tritati tortillas1 tazza formaggio Monterey Jack, grattugiato Prezzemolo fresco per guarnire Staccare, con un coltello appuntito, I chicchi di granturco dal tutolo; metterli assieme al brodo in una pentola e mescolare fin quando cominciano a separarsi I cuori del grano. A questo punto filtrare il composto in un tegame cercando di estrarre la maggior quantità di liquido possibile. Gettare le bucce del granturco. Aggiungere il burro e scaldare dolcemente per 5 minuti, mescolando sempre. Aggiungere il latte e aggiustare di sale e pepe a piacere. Aggiungere I peperoni e scaldare per un minuto ancora per mescolare I sapori. Servire mettendo 3 o 4 pezzi di tortilla sul fondo dei piatti. Disporre alcuni cucchiai di formaggio Jack sopra le tortillas. Mettere sopra qualche mestolo di zuppa e guarnire con prezzemolo.

ZUPPA DI PASTA E FAGIOLI 150 g di pasta all'uovo, 250 g di pomodori pelati, 100 g di fagioli già cotti (vedi pag. 52), 1 cipolla piccola, 1 spicchio di aglio, 1 rametto di epazote, 1/2 cucchiaino di origano secco, 50 g di formaggio stagionato piccante, 2 uova sode, olio, sale. Scaldate 2 cucchiai di olio in un tegame e, mescolando, rosolate gli spaghetti spezzati sinché acquistano un leggero colore dorato; scolateli bene e teneteli da parte. Frullate i pelati con la cipolla, l'aglio, l'epazote, l'origano e i fagioli lessati con il loro liquido di cottura. Passate poi il composto in una casseruola in cui avrete scaldato 2 cucchiai di olio, allungate con circa 1 l di acqua calda, salate e mettete a cottura anche la pasta. Mescolando lasciate sobbollire circa 20 minuti, sin quando la pasta non sarà cotta: la zuppa non dovrà risultare né troppo densa né troppo liquida. Scodellate e guarnitela con il formaggio grattugiato e fette di uovo sodo. Alcune versioni aggiungono un po' di pancetta affumicata nel soffritto iniziale

ZUPPA DI PESCE 250 g di pomodori pelati, 200 g di carote, 200 g di patate, 4 chiles cuaresmeños, 1 cipolla, 1 ciuffo di prezzemolo o coriandolo, 2 spicchi di aglio, olio di oliva, sale. Per il brodo: 300 g di pesce in tranci, 1 piccolo pagro, 1 cipolla, 1 spicchio di aglio, un mazzetto odoroso (prezzemolo, sedano, alloro...), 1 limone, sale. Pulite il pesce e lessatelo in 1 l di acqua con il limone tagliato in spicchi, aglio, cipolla, il mazzetto odoroso e sale; non appena sarà cotto, lasciate raffreddare, quindi scolate il pesce e pulitelo da pelle e lische sminuzzando la polpa, poi filtrate il brodo. Mondate carote e patate, lessatele al dente in acqua salata e tagliatele a cubetti. Pulite i chiles, scottateli e tagliateli in sottili filetti come indicato a pag. 11, quindi rosolateli in poco olio con un trito fine di aglio e cipolla. Non appena il soffritto inizia a prendere colore mettete a cottura i pomodori finemente tritati. Lasciate asciugare un po' la salsa, quindi diluitela con il brodo caldo e unite la polpa del pesce, le verdure a cubetti e un trito fine di prezzemolo. Salate e lasciate sobbollire per una decina di minuti prima di spegnere.

PRIMI PIATTI BRODO DELLA VIGILIA (Caldo de Vigilia) 250 g di baccalà già bagnato, 500 g di spinaci, 500 g di ceci, 150 g di passato di pomodori, 1 patata grossa, 2 porri, 1 cipolla, 2 spicchi di aglio, 1/2 cucchiaino di peperoncino in polvere, 1 cucchiaio di farina, olio di oliva, sale. Lasciate in ammollo i ceci con un pizzico di bicarbonato per tutta la notte. Il giorno dopo mettete al fuoco una pentola di acqua con i ceci, l'aglio, i porri e 1/2 cipolla intera. Lasciate bollire su fiamma bassa percirca 1 ora e 1/2, quindi unite il baccalà a pezzi e proseguite per altri 30 minuti. Aggiungete ora al brodo gli spinaci ben lavati e la patata sbucciata e tagliata a cubetti e, dopo altri 15 minuti, una salsa preparata rosolando la cipolla rimasta tritata in 3-4 cucchiai di olio e unendo poi il passato di pomodoro, la farina e il peperoncino. Aggiustate di sale e proseguite la cottura per altri 15 minuti; al termine i ceci devono risultare teneri ma non disfarsi.

CREMA DI AVOCADO 4 avocadi maturi e grossi, 2 tuorli d'uovo, 1l di brodo di pollo, 1 ciuffo di coriandolo, 1 cucchiaio di succo di limone, 1/2 tazza di crema di latte, sale, pepe. Mondate gli avocado e frullatene la polpa insieme con i tuorli d'uovo, sale, pepe, coriandolo e un po' di brodo. Al momento di servire, in una zuppiera amalgamate la crema di avocado con quella di latte, quindi diluite il tutto con il brodo bollente e servite immediatamente. La crema può anche essere servita ben ghiacciata.

PAELLA ALLA MESSICANA 400 g di riso parboiled o arborio, 150 g di chorizo (vedi pag. 12), 1 piccolo pollo, 200 g di polpa di maiale, 100 g di gamberetti sgusciati e lessati, 200 g di peperoni dolci misti, 100 g di piselli freschi, 1 cipolla, 2 spicchi di aglio, 1 peperoncino verde piccante, 2 bustine di zafferano, 1 l di brodo, olio, sale. In un tegame rosolate la cipolla a quarti e 1 spicchio di aglio, quindi unite il pollo e la polpa di maiale tagliati a pezzi; cuocete a fiamma bassa, spegnendo prima che siano perfettamente cotti. Lasciate il riso a bagno in acqua per 5 minuti, lavatelo e scolatelo, poi rosolatelo in un ampio tegame con poco olio; unite il pollo, il maiale e il chorizo tagliato a fettine. Mescolate con delicatezza e, dopo qualche istante, aggiungete i piselli e i peperoni dolci tagliati a listarelle e quello piccante a filetti. Unite anche lo zafferano sciolto in un mestolo di brodo caldo e il resto del brodo, quindi proseguite la cottura a tegame coperto e fuoco basso. Di tanto in tanto smuovete il recipiente per i manici perché il riso non si attacchi sul fondo; 5 minuti prima di spegnere salate e aggiungete anche i gamberetti. Lasciate riposare a fuoco spento prima di servire.

PASTA CON PEPERONI FRESCHI E SALSA DI POMODORO 8 ounces seccche o 12 ounces fresche fettuccine o linguine 10 pomodori a pera tagliati in quarti 1/3 tazza buon olio d'oliva 3 spicchi d'aglio tritati 1 cucchiaino the origano o 2 di fresco 2 piccoli freschi peperoncini tritati sale e pepe Parmigiano grattugiato Cuocere la pasta in acqua bollente salata. Scaldare l'olio in una padella, aggiungere i pomidoro, l'aglio, l'origano, il peperoncino, il sale e il pepe. Soffriggere a fuoco medio per circa 5 minuti o finchè i pomidoro siano cotti ma mantengano ancora la forma. Mescolare in una larga terrina ricaldata la salsa e la pasta scolata rimescolare il tutto e servire immediatamente. Grattugiare sopra il parmigiano.

RISO ALLA MESSICANA (Arroz a la mexicana) 250 g di riso parboiled o arborio, 250 g di pomodori maturi, 1 cipolla piccola, 2 chiles serranos, 2 spicchi di aglio, qualche gambo di coriandolo o prezzemolo, olio di oliva, sale.Quello che vi presentiamo è soltanto uno dei molti modi di preparare il riso alla messicana. Tutti hanno in comune la presenza di pomodori e cipolla e possono essere variamente piccanti (la dose di chiles può aumentare o diminuire a vostro gusto) o arricchiti anche da piccoli piselli (100 g sgusciati), carote (100 g a cubetti) o patate (100 g a cubetti). Lasciate il riso a bagno per 5 minuti in acqua calda, poi lavatelo finché non rimarrà traccia di amido, In una casseruola scaldate 2-3 cucchiai di olio, unite un trito fine di cipolla e aglio e, non appena si saranno ammorbiditi, versate il riso ben scolato e mescolate. Rosolate il tutto in modo uniforme, quindi unite i pomodori che avrete privato della pellicina esterna (tuffandoli per pochi istanti in acqua bollente) e tritato finemente. Lasciate insaporire, bagnate con 1/2 l di acqua calda e condite con sale e coriandolo tritato. Coprite e fate prendere il bollore su fiamma vivace, quindi abbassate e proseguite la cottura per circa 20 minuti a pentola coperta e senza mescolare, sinché i chicchi non risulteranno ben asciutti e sgranati. Una decina di minuti prima di spegnere, se avete deciso di utilizzarli, unite i piselli e le carote già lessati in acqua salata. Durante la cottura mescolate poco: i chicchi devono risultare ben sgranati e il riso non deve avere l'aspetto cremoso dei nostri risotti. Servite in un piatto di portata guarnendo con i peperoncini aperti a metà nel senso della lunghezza e appoggiati sopra, in modo che il riso ne assorba l'aroma; potrete utilizzare anche i serranos en escabeche, sgrondandoli bene del liquido, mentre quelli freschi andranno puliti secondo le indicazioni di pag. 11. Per una cottura regolare contate che per ogni tazza di riso ne occorrono 4 di acqua o brodo. Se per caso utilizzate riso messicano o riso integrale aumentate i tempi di ammollo iniziale (15 minuti) in acqua calda e quelli di cottura (30-45 minuti). Il riso alla messicana, oltre a fungere da primo piatto, viene spesso servito in accompagnamento a pietanze a base di pesce, carne ecc.

RISO CON LE PATATE(Arroz blanco con papas) 250 g di riso arborio, 3 patate abbastanza grosse, 1/2 cipolla, 1 spicchio di aglio, ciuffo di prezzemolo, 1 l di brodo, olio, sale, pepe L'arroz blanco, assieme a quello a la mexicana, può essere servito in accompagnamento ad altre pietanze, oppure costituire un primo piatto aggiungendo banane fritte, carote, fagioli o guarnendolo con uova sode. In questo senso lo presentiamo in una delle versioni più diffuse, quella con papas. Lasciate il riso a bagno per 5 minuti in acqua tiepida, quindi lavatelo sotto acqua corrente, scolatelo e fatelo dorare in una casseruola con poco olio. Versate sul riso una salsa ottenuta frullando la cipolla e l'aglio con 1/2 tazza di acqua, e lasciate insaporire per 5 minuti mescolando delicatamente su fiamma vivace. Mettete a cottura anche le patate, sbucciate e tagliate a cubetti, e versate il brodo caldo. Fate prendere calore quindi abbassate la fiamma e proseguite a tegame coperto per circa 20 minuti - 5 minuti prima di spegnere aggiustate di sale, pepate e unite il prezzemolo finemente tritato. Al termine il brodo deve essere completamente consumato e i chicchi di riso risultare teneri ma ben staccati l'uno dall'altro.

RISO VERDE CON MAIS 250 g di riso arborio, 250 g di prezzemolo o spinaci (lessati e strizzati), 150 g di chicchi di mais lessati (o in scatola), 1 patata grossa, 1/2 cipolla, 1 spicchio di aglio, 1 l di brodo, olio, sale, pepe. Lasciate il riso in ammollo per 5 minuti, quindi sciacquatelo sotto acqua corrente sinché avrà perso l'amido. Scaldate un po' di olio in un tegame abbastanza grande, mettete a cottura il riso e mescolate delicatamente con un cucchiaio di legno sinché diventa leggermente dorato. Frullate il prezzemolo con la cipolla, l'aglio e 1/2 tazza di acqua in modo da ottenere una crema omogenea. Versate la crema sul riso e, sempre mescolando delicatamente, lasciate scaldare per qualche minuto. Unite a questo punto i chicchi di mais, la patata sbucciata e tagliata a dadini e versate ilbrodo caldo. Lasciate prendere il bollore, poi abbassate e proseguite a pentola coperta per circa 20 minuti. Prima di servire insaporite con sale e pepe; lasciate riposare il riso su fuoco spento per 5 minuti prima di servire.

SOUFFLE' IN TEGAME AI PEPERONI E FORMAGGI 1/2 tazza burro 5 uova 1/4 tazza farina 1/2 cucchiaino lievito in polvere 1/4 cucchiaino sale 1/2 tazza peperone poblano tritato arrostito e spellato 1 tazza formaggio cottage 8 ounces formaggio Jack Preriscaldare il forno a 180°. Fondere il burro in un tegame quadrato da 8 inch. Sbattere leggermente le uova. Aggiungere la farina, il lievito il sale e mescolare bene. Aggiungere il burro fuso, I peperoni e I due formaggi. Mescolare il tutto e versare nel tegame dove era stato fatto fondere il burro. Infornare per 35 minuti o finchè sia ben cresciuto e dorato. Servire subito.

SPAGHETTI AL SUGO (Sopa seca de fideos) 250 g di spaghetti grossi, 150 g di chorizo (vedi pag. 12), 250 g di pomodori maturi e sodi, 1/2 cipolla piccola, 1 spicchio di aglio, 2 chiles serranos o chipotles (facoltativi), 1/2 cucchiaino di origano, 50 g di formaggio stagionato piccante, olio, sale Private le salsicce della pellicina esterna e rosolatele in un tegame con un po' di olio, sminuzzandole con il cucchiaio di legno. Scolatele e, nello stesso condimento (se troppo eliminatene un poco), fate dorare la pasta dopo averla spezzata; prima che scurisca eccessivamente scolatela con una schiumarola e tenetela da parte. Tuffate i pomodori in acqua bollente così da riuscire facilmente a privarli della pellicina esterna, quindi frullateli con l'aglio, la cipolla, l'origano e un po' di sale. Passate la salsa in una casseruola in cui avrete scaldato qualche cucchiaio di olio e, non appena si sarà asciugata, allungatela con 1 1 abbondante di acqua calda (alcuni usano anche il brodo di pollo). Fate prendere il bollore quindi versate gli spaghetti e, dopo 5 minuti, metà del chorizo rosolato. Mescolando portate a cottura: il liquido dovrà venire tutto assorbito e la pasta risultare tenera. Controllate il sale e servite in un piatto da portata guarnendo con il chorizo rimasto, il formaggio grattugiato e, volendo, i chiles finemente tritati. Aumentando le dosi di brodo a 2 1 preparerete una sopa de pasta.

TEGLIA DI TORTILLAS (Sopa seca de tortillas) 20 tortillas di mais piccole e sottili, 500 g di pomodori maturi, 1 cipolla piccola, 1 spicchio di aglio, 2 chiles pasillas, 1 tazza di brodo, 1/4 di crema di latte, olio, sale. Tagliate le tortillas a listarelle spesse pochi millimetri, quindi friggetele in olio bollente, rigirandole spesso e facendo attenzione che non scuriscano troppo. Scolatele bene dal condimento e lasciatele asciugare su carta assorbente da cucina. Tuffate i pomodori in acqua bollente così da sbucciarli senza difficoltà e frullateli con lo spicchio di aglio, quindi metteteli a cottura in un ampio tegame in cui avrete rosolato in poco olio la cipolla tritata. Non appena la salsa si sarà ridottadella metà, versate il brodo caldo. Lasciate che il sugo riacquisti calore, quindi insaporite con sale e i peperoncini puliti e tagliati in filetti sottili (vedi pag. 11). Distribuite le tortillas in una pirofila da forno imburrata, condite con la salsa di pomodoro e con la crema e passate a scaldare in forno caldo prima di servire. Alcune varianti utilizzano per guarnire anche formaggio fresco tipo feta sbriciolato e polpa di avocado a pezzettini, altre aumentano le dosi di brodo in aggiunta al sugo di pomodoro in modo che la pietanza assuma l'aspetto di una vera e propria zuppa.

CARNE CARNE AL CARTOCCIO (Barbacoa) 1 kg di polpa di montone (o capretto), 1 kg di costine di maiale, 3 chiles anchos, 5-6 spicchi di aglio, 2 rametti di timo, 2 foglie di alloro, 1 cucchiaino di semi di cumino, 1 cucchiaino di pepe nero in grani, 1 tazza e 1/2 di aceto di mele, sale. Aprite i peperoni, scottateli, puliteli e lasciateli ammorbidire in acqua come indicato a pag. 11. Tritateli poi nel mixer (o lavorateli in un mortaio) assieme ad aglio, cumino, timo, alloro, pepe e sale fino ad avere una pasta omogenea che diluirete nell'aceto. Pulite la carne di montone e le costine, tagliate entrambe a bocconcini e mettetela in un recipiente di vetro o di ceramica condendola con la salsa all'aceto. Coprite con carta pellicola da cucina e lasciate marinare in frigorifero per tutta la notte, avendo cura di mescolare di tanto in tanto. In Messico la carne così preparata viene poi avvolta in foglie di maguey e cotta in fosse scavate nella terra nelle quale sono state messe le braci, protette da uno strato di pietre. Chi non ha questa possibilità potrà optare per la cottura al vapore: scolate la carne dalla marinata, avvolgetela in foglie di vite e alloro; disponetela poi in un foglio di carta metallizzata con cui avrete foderato un cestello per la cottura a vapore così da formare una tasca che non lasci fuoriuscire il sugo che si formerà. Fate puoi cuocere su fiamma bassa e pentola coperta per circa 2-3 ore (potrete ridurre i tempi utilizzando una pentola a pressione). Al momento di servire, aprite il cartoccio, liberate la carne dalle foglie, disponetela su un piatto di portata e conditela con il sugo di cottura. Volendo potrete anche provare a cuocere la carne su braci ardenti, oppure ad avvolgerla in foglie di mais (se secche, lasciatele a bagno in acqua calda perché si ammorbidiscano, quindi scolatele e asciugatele): dopo aver formato gli involtini chiudeteli con filo da cucina e cuocete come sopra.

CASSERUOLA TEX-MEX 4 pannocchie di granturco fresco burro 3 cipolle medie tagliate sottilmente 6 o 7 zucchini medi, affettati sottilmente 1 pomodoro grosso private dei semi, tritato e scolato 8 ounce confezione di pomodorini, scolati e tagliati a dadini, o 1 tazza freschi 2 peperoni di Anaheim, senza semi e tritati 1 jalapeno piccolo senza semi e tritato 1 1/2 cucchiaino di origano fresco, o 3/4 di cucchiaino secco sale pepe e burro 1 tazza formaggio jack tritato Scaldare il forno a 180°. Usando un coltello appuntito staccare I chichi dal tutolo e metterli da parte. In una larga padella scaldare un cucchiaio di burro e soffriggere le cipolle e gli zucchini per 3 o 5 minuti a fuoco medio. Togliere dal fuoco.Aggiungere un altro cucchiaio di burro e soffriggere I pomidoro per 3 o 5 minuti. Ungere leggermente una casseruola larga. Mescolare insieme tutte le verdure condire con l'origano, il sale ed il pepe. Cospargere di formaggio tritato e fiocchi di burro. Infornare la casseruola con il coperchio o con un foglio di alluminio per 30 minuti. Passarlo brevemente al grill per farlo dorare prima di servirlo.

CHILI ALLA MODA CASI [CASI (Chili Appreciation Society International) vincitori di gare di cucina sono soliti usare la polvere di peperoncino e anche i peperoncini Jalapenos, che sono tolti prima di servire il piatto. Il manzo viene tagliato a cubi e viene usata la farina di polenta per addensare il sugo del chili.] 4 Jalapeno, privati del gambo e dei semi, tagliati a metà 4 cucchiaio tav polvere di Chili 1 cucchiaio tav paprica in polvere 2 pounds manzo tagliato a cubi di 1 inch e 1/2 1 cipolla media tritata 2 cucchiai di grasso di rognone tritato o olio vegetale 1 8-ounce barattolo salsa di pomodoro 1 12-ounce lattina di birra 2 tazze brodo di manzo 3 cucchiaini da the comino macinato 2 cucchiaini da the di aglio in polvere 1 cucchiaino da the pepe nero macinato fresco 1/4 tazza farina di polenta Rosolare la carne e la cipolla nel olio o grasso che sia. Aggiungere la salsa di pomodoro, la birra, il brodo di pollo, il peperoncino, il comino, l'aglio, il pepe e 2 cucchiai di polvere di chili. Fare sobbollire il chili a fuco medio per 2 ore o finchè la carne sarà tenera. Per addensare mescolare la polenta con acqua e farne un miscuglio liquido. Aggiungerla mescolando velocemente al chili, se si mescola lentamente si raggrumerà. Aggiungere la rimante polvere di chili e la paprica. Sobbollire per altri 15 minuti. Togliere i jalapenos e servire.

CHILI ALLA MODA ICS [Il cuoco dell'ICS (International Chili Society) più New Mexican chili. La carne è tagliata a cubi o tritata grossolanamente e aggiungono altre spezie quali il tarragon, la curcuma, il misto di spezie, e anche il curry.] 3 cucchiai tav New Mexican chili rosso secco in polvere 1 7-ounce scatola New Mexican chili verde tritato 2 cucchiaino the Cayenna tritata, o più per aumentare il piccante 2 pounds sottofiletto di manzo, sia tritato grosso che tagliato a cubi 2 cucchiai d'olio vegetale 2 cipolle medie affettate 2 gambi di sedano tritati 3 spicchi d'aglio tritati 1 16-ounce barattolo pomodoro tritato 1 cucchiaino the origano secco Soffriggere il manzo nell'olio. Aggiungere la cipolla, il sedano, l'aglio e soffriggere fino ad ammorbidirli. Aggiungere il resto degli ingredienti e acqua a sufficienza per coprire e sobbollire per 2 3 ore o finchè la cane sia tenera. Aggiungere altra acqua se necessario

CHILI CON CARNE 250 g di polpa di manzo, 1 tazza e 1/2 di fagioli borlotti già lessati (o 1 scatola di quelli conservati), 2 pomodori maturi e sodi, 1/4 di cipolla, 2 peperoncini verdi freschi o 2 chiles jalapeños, 2 chiles chipotles, 1 cucchiaio di origano, 2 spicchi di aglio, olio di oliva, sale. Questa pietanza tanto nota nel mondo, e da molti considerata di tradizione messicana, è in realtà più un'abitudine del Texas. Qui infatti esistono delle vere e proprie gare in occasione di feste all'aperto in cui cuoche e cuochi amatoriali si sfidano a colpi... di chili piccantissimo. Poiché comunque questo piatto deve la sua fama a ingredienti di origine messicana e per non deludere i non `espertissimi' che comunque lo verranno a cercare anche in questo manuale, abbiamo deciso di presentare una delle molte versioni esistenti di chili di carne. Tagliate la polpa di manzo a piccoli pezzettini o, se preferite, macinatela. Scaldate in un tegame un po' di olio e rosolate la carne mescolandola con un cucchiaio di legno in modo che prenda colore in modo uniforme. Aggiungete 1 pomodoro, i peperoncini verdi e la cipolla tagliati tutti a cubetti e insaporite con l'origano; proseguite la cottura per altri 5-10 minuti così che anche la verdura si rosoli per bene. Nel frattempo frullate il pomodoro rimasto con i chipotles puliti (vedi pag. 11) e l'aglio, versate la salsa sulla carne, bagnate con un po' di acqua e insaporite con il sale. Dopo 10-15 minuti aggiungete anche i fagioli e proseguite su fuoco sempre basso per circa 20 minuti. Il chili deve risultare di consistenza morbida, quindi eventualmente bagnate con ancora un po' di acqua e, prima di spegnere, controllate il sale. Servitelo accompagnandolo con tortillas, riso messicano e fagioli schiacciati, o utilizzatelo per farcire tacos o enchiladas.

COSTINE IN SALSA (Puerco en adobo) 8 grandi costine di maiale, 1/2 cipolla, 50 g di olive verdi, 1 cespo di lattuga romana, pangrattato, 1 bicchiere di vino bianco, olio di oliva. Per la marinata: 2 chiles anchos, 1/2 cipolla, 2 spicchi di aglio, 1 foglia di alloro, 2 peperoncini rossi secchi, 2 chiodi di garofano, 1 pezzetto di cannella, 1 cucchiaino di origano, 1/2 cucchiaino di semi di cumino, 1 tazza di aceto di mele, sale. Iniziate con il preparare l'adobo, cioè la salsa in cui marinare la carne: scottate, mondate e fate ammorbidire in acqua i chiles (vedi pag. 11), quindi passateli al mixer con l'aglio, la cipolla, le altre spezie, sale e l'aceto. Battete leggermente le costine, disponetele in un recipiente di vetro o ceramica e conditele con la marinata; coprite e lasciate marinare in frigorifero per una notte, rimescolando di tanto in tanto la carne in modo che si insaporisca bene. Scolate le costine dalla salsa e passatele nel pangrattato, quindi friggetele in olio bollente, dorandole in modo uniforme; scolatele e lasciatele asciugare brevemente su carta assorbente da cucina. Intanto scaldate in un tegamino 2 cucchiai di olio e versate la salsa della marinata. Dopo 5 minuti insaporite con le olive snocciolate e la cipolla finemente tritata e, volendo, un po' di formaggio stagionato grattugiato. In un piatto da portata sistemate un letto di lattuga tagliata a listarelle, disponete sopra le costine e conditele con la salsa calda.Esistono tantissime versione di carne en adobo: la carne, dopo la marinatura, può anche essere arrostita o lessata prima e poi fatta insaporire sul fuoco nell'adobo.

FONDUTA PICCANTE MESSICANA 1 scatola da 15 1/2 ounce di fagioli refried 1/2 pound (2 tazze) di formaggio cheddar grattugiato 2 Cucch da tav di burro 2 Cucch da tav di scalogno tritato 1 spicchi d'aglio , tritato 1/2 Cucch da te di salsa Worcestershire 1 peperoncino di cayenna, private dei semi e tritato 1 privato dei semi e tritato peperoncino di Anaheim o poblano 3/4 tazza di birra a temperature ambiente Mescolare insieme, eccetto la birra, in una pesante casseruola. Scaldare bene, escolando, finchè la mistura sarà ben calda, 10 15 minuti. Aggiungere la birra poco alla volta mescolando. Trasferire nella pentola da fonduta. Accompagnare con tortillas a pezzi o verdure fresche da intingere.

FORMAGGIO RIPIENO (Queso relleno) 1 forma intera di formaggio Edam (olandese), 500 g di polpa di maiale lessata, 300 g di pomodori maturi e sodi, 2 peperoncini verdi, 1 cipolla e 1/2, 4 spicchi di aglio, 50 g di olive verdi, 1 cucchiaio di capperi sotto sale, 25 g di uva passa, 1/2 cucchiaino di origano, 4 uova, olio, sale. Per la salsa: 300 g di pomodori maturi e sodi, 1 cipolla piccola, 1 peperoncino verde, 50 g di olive verdi, 50 g di capperi sotto sale, 1 cucchiaio di farina, 1/2 bustina di zafferano, brodo di carne, olio, sale. Rassodate le uova, poi iniziate a preparare il ripieno: lessate la carne con una presa di sale, 2 spicchi di aglio, 1 cipolla in quarti, 1 peperoncino, l'origano; scolatela e passatela al mixer, poi filtrate il brodo. Affettate la cipolla rimasta e rosolatela in olio, unite i pomodori tritati e lasciate raddensare un po'. Aggiungete la carne, gli albumi d'uovo tritati, 1 peperoncino a filetti (vedi pag. 11), olive e capperi tritati, l'uvetta passa. Aggiustate di sale e lasciate cuocere su fiamma moderata sinché il liquido non si sarà asciugato. Togliete la pellicola esterna in cera rossa che ricopre la forma di formaggio, con un coltello affilato tagliate la calotta, così da ricavarne una specie di coperchio, e scavate l'interno lasciando un `guscio' di circa 2 cm di spessore. Preparate ora la salsa di accompagnamento: rosolate la cipolla affettata e, quando diventa trasparente, unite il pomodoro che avrete pulito della pellicina esterna e tritato finemente, il peperone scottato e tagliato a filetti, un trito di olive e capperi e lo zafferano sciolto in poco brodo caldo. Lasciate cuocere su fiamma vivace per 5 minuti; se troppo liquida stemperate nella salsa 1 cucchiaino di farina per raddensarla. Aggiustate di sale e spegnete. Sistemate il formaggio in una pirofila di dimensioni adeguate (non troppo larga, in modo che stia un po' `raccolto') e riempitelo con metà del ripieno di carne, adagiatevi sopra i tuorli d'uovo tagliati a metà e ultimate con il resto del ripieno. Chiudete la forma con la sua calotta e passate in forno caldo per circa 10 minuti, sin quando il formaggio non inizierà ad ammorbidirsi. Condite con la salsa allo zafferano e rimettete a cuocere per altri 5 minuti: il queso relleno deve essere servito morbido ma ancora in forma, accompagnandolo con tortillas.

PICADILLO Il picadillo è un composto di carne utilizzato per farcire peperoni, tacos, enchiladas ecc., di cui esistono tantissime varianti. Di seguito ve ne presentiamo una non piccante e una invece che prevede l'utilizzo dipeperoncino. Di carni miste 200 g di polpa di maiale macinata, 200 g di polpa di manzo macinata, 250 g di pomodori maturi e sodi, 2 spicchi di aglio, 1/2 cipolla piccola, 1 limone, 25 g di uvetta passa, 1 chiodo di garofano, 1 pezzetto di cannella, 1 foglia di alloro, 1 rametto di maggiorana, 1 rametto di timo, grani di pepe, sale, zucchero. In un mortaio lavorate aglio, maggiorana, timo, chiodo di garofano, cannella, alloro, sale, qualche grano di pepe; quando avrete ottenuto una pasta omogenea, unitela alla carne e amalgamate il tutto con le mani umide. Ponete un tegame al fuoco e fate colorire un trito finissimo di cipolla in qualche cucchiaio di olio, prima che prenda colore, unite le carni macinate e, mantenendole mescolate, rosolatele per 10 minuti. Tuffate i pomodori in acqua bollente per privarli della pellicina esterna e tritateli, quindi uniteli alla carne. Mescolate con cura e insaporite con poco zucchero e l'alloro. Lasciate asciugare il sugo e, prima di spegnere, aggiungete anche l'uvetta fatta prima ammorbidire in acqua e tritata. Con verdure 250 g di polpa di manzo tritata, 250 g di pomodori maturi e sodi, 200 g di carote lessate, 200 g di patate lessate, 1-2 spicchi di aglio, 1/2 cipolla piccola, 2 chiles jalapeños, 1/2 tazza di olive verdi snocciolate, 25 g di uvetta passa, olio, sale. In 2 cucchiai di olio rosolate la carne mescolando in modo che si sbricioli bene e colorisca in modo uniforme. Private della pellicina esterna i pomodori tuffandoli in acqua calda, quindi frullateli con l'aglio e la cipolla a pezzetti. Unite alla carne la salsa di pomodoro, salate e lasciate sobbollire a tegame coperto per 5-10 minuti. Se il picadillo vi sembrasse troppo asciutto, versate un po' di acqua di cottura delle verdure, quindi aggiungete le verdure a cubetti, le olive intere e l'uvetta fatta prima ammorbidire in acqua tiepida. Lasciate insaporire su fuoco basso, facendo attenzione che non si asciughi eccessivamente. In ultimo unite i jalapeños che avrete scottato, mondato da pelle e semi e tagliato in filetti sottili.

POLLO AL PEPE DI CAIENNA 1 grosso petto di pollo intero disossato 1 cucchiaio tav ciascuno di maizena e di salsa di soia 1 bianco d'uovo, leggermente battuto 1 spicchi d'aglio tritato olio per cuocere 12 peperoncini di caienna essiccati tritati e senza semi 1/2 tazza noccioline americane tostate per la salsa 1 cucchiaio tav farina di mais 1/2 cucchiaino da the di zenzero fresco grattugiato(o 1/4 cucchiaino secco) 1 cucchiaio tav sherry 2 cucchiaio tav salsa di soia 1 1/2 cucchiaino the zucchero 2 cucchiaino the aceto di vino rosso 1 cucchiaino di pasta di peperoncino con aglio 2 cucchiaino the di salsa hoisin 3 cucchiaio tav pollo stock 1 cucchiaio tav olio di sesamo Preparare la salsa mescolando tutti gli ingredienti e lasciare da parte. Mettere il pollo una grande terrina con l'amido di mais, la salsa di soia, ilbianco d'uovo e l'aglio. Mescolare accuratamente e lasciare riposare in frigo per 1/2 ora. Riscaldare 2 cucchiai tav d'olio in un wok o in una padella. Aggiungervi I peperoncini e farli tostare , circa 15 secondi. Abbassare il fuoco, aggiungere il pollo e cuocere per circa 2 o 3 minuti. Aggiungere la salsa e cuocere un minuto ancora per amalgamare e scaldare il tutto. Servire, con noccioline sparse sopra su di un letto di caldo riso bollito.

POLLO CON LE NOCI 1 pollo lessato e il suo brodo filtrato, 50 g di mandorle sgusciate, 50 g di pistacchi sgusciati, 3 chiles anchos, 2 chiles pasillas, 1 pomodoro grosso, 1 cipolla piccola, 2 spicchi di aglio, 2 cucchiai di semi di sesamo, 3 chiodi di garofano, 1 pezzetto di cannella, 2-3 tortillas di mais, olio, sale, zucchero. Pulite il pollo e tagliatelo in pezzi, quindi lessatelo in acqua portata a bollore con sale, 2 spicchi di aglio, la cipolla e le carote a pezzettoni. Non appena cotto, spegnete e lasciatelo raffreddare nel brodo (che poi filtrerete per utilizzarlo nelle fasi seguenti). Aprite i peperoni, mondateli e lasciateli ammorbidire nel brodo caldo come indicato a pag. 11, quindi frullateli. Private i pistacchi e le mandorle della pellicina esterna tuffandoli in acqua bollente, divideteli a metà e doratele in poco olio. In un altro tegamino, friggete le tortillas rigirandole su entrambi i lati, scolatele bene e nello stesso condimento rosolate prima il pomodoro a pezzi, poi la cipolla in quarti e 2 spicchi di aglio. Passate poi tutto al mixer con i semi di sesamo (prima leggermente tostati in un padellino), le spezie e il brodo necessario a ottenere una salsa non troppo liquida. In una casseruola scaldate 2-3 cucchiai di olio, quindi versate la crema di pistacchi, lasciate insaporire e, dopo 5 minuti, unite quella di peperoni; allungate con circa 1/2 l di brodo caldo. Mettete a cottura il pollo, insaporite con sale e 1 cucchiaino di zucchero e fate cuocere a fuoco moderato per circa 20 minuti.

POLPETTINE ALLE OLIVE (Albondigas) 300 g di polpa di maiale macinata, 300 g di polpa di manzo macinata, 1 cipolla piccola, 1 ciuffo di prezzemolo, 1 spicchio di aglio, 1 peperoncino verde, 1 cucchiaio di semi di cumino, 2 uova, 1/2 panino al latte, sale, pepe. Per la salsa: 400 g di pomodori, 1 cipolla piccola, 1 spicchio di aglio, 50 g di olive verdi, 2 chiles chipotles sottaceto, olio, sale. Questo è soltanto uno dei molti modi di preparare le albondigas, polpette di carne farcite e cotte nel sugo che in Messico presenta almeno una variante per ciascuna regione. Iniziate con la salsa: pulite i pomodori dalla pellicina esterna e frullateli con il peperoncino mondato (vedi pag. 11), l'aglio e la cipolla a pezzetti. Scaldate un po' di olio in un tegame, versate il passato di pomodoro e lasciate consumare della metà, quindi allungate con 1/2 1 di acqua calda e salate. Fate ammorbidire il panino nel latte (o acqua), quindi strizzatelo e passatelo al mixer (o lavoratelo in un mortaio) insieme con la cipolla e l'aglio a pezzi, il prezzemolo, il cumino. Unite poi tutto alle carni macinate che avrete messo in una terrina e amalgamate con cura con le mani umide, aggiungendo anche 1 uovo, sale e pepe. Quando avrete ottenuto un composto omogeneo, formate delle polpette che farcirete all'interno con un po' dell'uovo rimasto fatto rassodare e tritato. Mettete le polpette a cottura nella salsa e cuocete su fiamma moderata e a tegame coperto per 30-40 minuti. Prima di servire insaporite con le olive e i peperoncini sottaceto tagliati a filetti sottili.

SPIEDINI ALLA GRIGLIA (Brochetasnorteñas) 700 g di noce di manzo, 200 g di pancetta affumicata in fette spesse almeno 1 cm, 200 g di prosciutto cotto in fette spesse almeno 1 cm, 2 peperoni verdi dolci, 1 cipolla grossa, olio di oliva, sale, pepe. Tagliate il manzo a cubetti di circa 3-4 cm di lato, la pancetta e il prosciutto a pezzi più piccoli ma comunque sufficientemente grossi per essere infilzati. Mondate e tagliate anche le verdure: la cipolla a pezzettoni, i peperoni a falde. Alternate carne e verdure sugli spiedi, quindi disponeteli in un piatto capiente, pepate abbondantemente e bagnate con 1 tazza di olio. Lasciate riposare gli spiedini in frigorifero per almeno 30 minuti, avendo cura di rigirarli di tanto in tanto così che insaporiscano uniformemente. Cuoceteli poi sulle braci ardenti circa 3 minuti per parte, rigirandoli spesso e mantenendoli pennellati con olio perché non si secchino eccessivamente; salate solo a fine cottura. Gli spiedini vanno poi accompagnati in tavola da alcune salse scelte tra quelle proposte nell'apposito capitolo. Particolarmente indicate sono la salsa di pomodori all'origano, quella piccante e quella messicana.

STUFATO DI AGNELLO (Birria) 1 kg e 1/2 di polpa di montone, 3 chiles anchos, 3 chiles cascabel, 1 peperone dolce, 4 spicchi di aglio, 1 rametto di timo, 2 chiodi di garofano, 1 pezzetto di cannella, 1 cucchiaino di origano, 1 cucchiaino di semi di cumino, 1/2 bicchiere di aceto di mele, olio, sale. Per la salsa: 300 g di tomates verdes, 20 g di chiles cascabel, 1/2 cipolla, origano. Per lo stufato utilizzate sia polpa sia costolette, entrambi tagliati a pezzi. Mondate i chiles anchos come indicato a pag. 11, lasciateli ammorbidire in acqua poi frullateli con i chiles cascabel che avrete fatto bollire per 15 minuti e pulito dei semi, gli spicchi di aglio e il resto delle spezie. Insaporite la salsa con sale e allungatela con l'aceto in modo che abbia una consistenza densa. Pulite la carne e tagliatela a pezzetti, quindi mettetela in una casseruola con 2 spicchi di aglio e 1 tazza di acqua calda. Coprite e fate cuocere su fiamma bassissima per 1 ora e 1/2, schiumando di tanto in tanto. Distribuite la salsa ai chiles sulla carne, condite con un giro di olio e aggiustate di sale. Dopo aver mescolato, proseguite la cottura per altri 30 minuti. Nel frattempo preparate la salsa con cui si accompagna la birria: lasciate sobbollire per 10 minuti i tomates e i peperoncini coperti di acqua, quindi passate tutto al mixer (o tritate finemente con la mezzaluna) con la cipolla e una presa di origano. Scolate la carne e sistematela in un piatto da portata; mescolate il sugo di cottura rimasto sul fondo della pentola alla salsa di tomate, scaldate e distribuite sulla carne.

TACCHINO IN SALSA (Mole de guajolote) 1 tacchino di medie dimensioni, 4 spicchi di aglio, 1 cipolla, sale. Per il mole: 300 g di chiles mulatos, 100 g di chiles anchos, 3 chiles chipotles, 500 g di passato di pomodoro, 3 spicchi di aglio, 50 g di semi di sesamo, 10 g di mandole sgusciate, 1 cucchiaino di semi di anice, 100 g di uva passa, 8 chiodi di garofano, 1 pezzetto di cannella, 90 g di cacao amaro, pepe in grani. Quella che vi presentiamo non è la versione originale del noto tacchino in mole poblano - che richiedere una più lunga lista di ingredienti e più tempo di preparazione - ma una più semplice e comunque squisita. Pulite, tagliate a pezzi il tacchini e lessatelo con gli aromi e sale; lasciatelo raffreddare in pentola, quindi scolatelo e filtrate il brodo. Mondate i chiles seguendo le indicazioni di pag. 11 elasciateli ammorbidire nel brodo caldo, poi scolateli e frullateli. Tuffate le mandorle in acqua bollente, pulitele dalla pellicina e doratele in poco olio caldo; tostate leggermente in semi di sesamo in un padellino, quindi frullate entrambi con le spezie, l'uva passa e il cacao (sciolto in un po' di brodo). In una casseruola scaldate 1/2 bicchiere di olio e versate il passato di pomodoro, la crema di chiles e quella di mandorle; amalgamate con cura e, dopo 5 minuti, insaporite con zucchero, sale e portate a bollore. Allungate il mole con 1/21 di brodo caldo (più o meno, dipende dalla quantità di tacchino, ma al termine la salsa dovrà risultare densa) e mettete a cottura il tacchino. Lasciate insaporire su fiamma moderata e pentola coperta per una decina di minuti. TINGA 250 g di petto di pollo già lessato e sfilacciato, 200 g di chorizo, 2 pomodori maturi e sodi, 3 cipolle, 3 chiles chipotles, 2 spicchi di aglio, olio, sale. Questa pietanza, molto aromatica, a base di carne di pollo sfilacciata può essere servita come piatto principale o utilizzata per preparare tostadas, tacos come antipasto o antojitos. In una casseruola scaldate qualche cucchiaio di olio, quindi mettete a cottura il chorizo mantenendolo mescolato in modo da sbriciolarlo e farlo rosolare in modo uniforme. Non appena la carne cambia colore, unite le cipolle sottilmente affettate e mescolate su fiamma bassa sinché anche loro non avranno preso colore (attenzione a non bruciarle per non compromettere il sapore della tinga).

Mondate i chipotles, quindi frullateli con i pomodori puliti dalla buccia e lo spicchio di aglio a pezzetti. Unite al chorizo la salsa di peperoncini, il pollo sfilacciato e sale, allungando eventualmente con un po' del brodo di cottura del pollo. Lasciate sobbollire per 20-30 minuti prima di spegnere. Attenzione: la salsa non deve risultare troppo asciutta, ma giustamente morbida per essere un ripieno-condimento. Se si asciugasse troppo bagnatela con ancora un po' di brodo.

TRIPPA CON I CECI 750 g di trippe già pulite, 150 g di chorizo (vedi pag. 12), 150 g di pancetta affumicata in un unico pezzo, 150 g di ceci, 250 g di passato di pomodoro, 1 cipolla e 1/2, 3 spicchi di aglio, 100 g di olive verdi, 1-2 peperoncini rossi secchi, olio di oliva, sale. Lasciate in ammollo per una notte i ceci; lessate la trippa (menudo) con 1/2 cipolla, 1 spicchio di aglio e sale (con la pentola a pressione sarà sufficiente 1 ora). In una casseruola capiente fate soffriggere la cipolla rimasta e l'aglio finemente affettati in 2 cucchiai di olio; unite la salsiccia sgranata e la pancetta tagliata a fettine e lasciate insaporire. Aggiungete il pomodoro, i peperoncini fasciati ammorbidire in acqua e puliti, la trippa e i ceci (che avrete avuto cura di private della pellicina esterna). Cuocete per 5 minuti, quindi salate e unite anche le olive verdi grossolanamente tritate; lasciate insaporire ancora per 5 minuti, quindi spegnete.

PESCE BACCALÀ ALLA MESSICANA 800 g di baccalà bagnato, 100 g di mandorle sgusciate, 250 g di pomodori pelati, I cipollotto, 50 g di olive verdi, 2 peperoncini rossi secchi, 3 chiodi di garofano, 1 pezzetto di cannella, 1-2 rametti di origano, 1 cucchiaio di aceto, olio di oliva, sale. Cuocete il baccalà coperto di acqua con il cipollotto sinché risulta tenero; scolatelo e pulitelo, conservando 1 tazza del brodo di cottura. In un padellino fate dorare le mandorle che avrete privato della pellicina esterna; lasciate ammorbidire i peperoncini in acquabollente, quindi mondateli da semi e membrane e passateli al mixer con le mandorle. In un tegame scaldate 2 cucchiai di olio e rosolate il composto di peperoncino, quindi versate i pelati tritati. Non appena il sugo si sarà raddensato mettete a cottura il baccalà e bagnate con il brodo. Quando inizia il bollore, unite l'aceto, mescolate con delicatezza e salate. Guarnite con le olive e l'origano e servite.

BRANZINO EN ESCABECHE 750 g di filetti di branzino, 3 chiles anchos, 4 chiles jalapeños in agrodolce, 1 peperone dolce, 1 cipolla e 1/2, 2 spicchi di aglio, 2 chiodi di garofano, 1/2 cucchiaino di timo, 1 cucchiaino di semi di cumino, 1-2 limoni, 50 g di farina, 1/2 bicchiere di aceto di mele, 1 bicchiere di olio di oliva, sale, pepe. Pulite e asciugate il pesce, conditeli con il succo di limone, sale e pepe e lasciateli marinare per 1 ora in luogo fresco, girandoli almeno una volta. Nel frattempo preparate l'escabeche: aprite, scottate e lasciate ammorbidire i peperoni coperti di acqua (vedi pag. 11), quindi passateli al mixer con 1/2 cipolla e l'aglio, le spezie e l'aceto. Scolate bene il pesce, passatelo nella farina e friggetelo in poco olio girandolo su entrambi i lati; scolatelo ed, eventualmente, lasciatelo asciugare su carta assorbente da cucina. In un tegame scaldate la salsa in 2 cucchiai di olio, quindi disponete il pesce e lasciate insaporire su fiamma bassa per pochi minuti. Servite in un piatto da portata e guarnite con la cipolla finemente affettata e i peperoncini sottaceto grossolanamente tritati.

COCKTAIL DI CROSTACEI De camarones 400 g di gamberetti già lessati e sgusciati, 1 avocado, 1 pomodoro, 1 peperone verde fresco piccante, 1/4 di cipolla, 1 ciuffo di coriandolo, 1/2 1 di passata di pomodoro, 1/4 1 di salsa ketchup, 1 spruzzo di salsa piccante (vedi pag. 22) o worcester Amalgamate con cura le 3 salse tra loro, quindi mescolando unite i gamberetti e pomodoro, peperoncino e cipolla tritati finemente. Mescolate con cura insaporendo con il coriandolo finemente tritato. In ultimo, aggiungete anche la polpa dell'avocado tagliato a cubetti e mescolate con delicatezza in modo da non disfarla. Servite freddo, in coppette individuali, accompagnando con cracker salati o totopos. De cangrejo 500 g di granchio pulito da cartilagini, 3 avocadi, 1 scatola di cuori di palma, 1 cespo di lattuga, 2 limoni. Per la salsa: 1 uovo, 2 cucchiaini di senape, 50 g di panna fresca da cucina, 2 cucchiai di salsa ketchup, salsa tabasco, 1 bicchiere di olio, sale, pepe. Con l'olio, il tuorlo d'uovo, il sale e il pepe preparate una maionese e in ultimo, insaporitela con la senape, il ketchup, la panna e uno spruzzo di tabasco. Sbucciate e affettate gli avocadi, quindi spruzzate la polpa con il succo di limone in modo che non annerisca; affettate a rondelle i cuori di palma. Mischiate sia i cuori di palma che gli avocadi al granchio tagliato a pezzettini e distribuite tutto in coppette individuali che avrete foderato con foglie di lattuga. Servite freddo guarnendo con la salsa.

PAGRO AL FORNO 1 pagro di c. 1 kg e 1/2, 50 g di pancetta affumicata in un'unica fetta, 2 limoni, 1 cipolla, 1 peperone dolce, 2 spicchi di aglio, 1 ciuffo di prezzemolo, 1 peperoncino verde piccante, 2 cucchiai di pangrattato, 1 tazza di vino bianco, 4 cucchiai di olio, sale. Pulite e lavate il pesce; strofinatelo con il sale, praticate dei tagli indiagonale lungo i fianchi e in ciascuno disponete un pezzetto di pancetta e una fettina di limone. Distribuite sul pesce un composto di olio, pangrattato aglio e prezzemolo finemente tritati, quindi disponetelo in una pirofila unta di olio. Guarnite con peperoni e cipolla mondati e affettati, bagnate con il vino bianco e fate cuocere in forno cado (180 °C) per 30 minuti, sinché il pagro (huachinango) non apparirà coperto da una crosticina dorata.

PESCE ALLA VERACRUZANA 6 filetti di branzino, 600 g di pomodori maturi, 1 peperone dolce, 1/2 cipolla, 2 spicchi di aglio, 2 chiles jalapeños in agrodolce, 50 g di olive, 30 g di capperi, 1 manciata di prezzemolo, 1 limone, 2 chiodi di garofano, 1 pezzetto di cannella, olio di oliva, sale. Pulite i pomodori da pellicina esterna e passateli al mixer assieme ai chiodi di garofani prima pestati con la cannella e sale. In un tegame rosolate la cipolla e l'aglio finemente tritati in 2 cucchiai di olio, quindi unite il pomodoro e il peperone mondato e tagliato a filetti. Lasciate raddensare e allungate la salsa con 1/2 1 di acqua calda, aggiustate di sale e insaporite con il prezzemolo finemente tritato. Lavate il pesce, asciugatelo e mettetelo a cottura nel sugo, aggiungendo anche i capperi ben puliti dal sale e le olive tritate. Proseguite la cottura su fiamma bassa per circa 15 minuti mescolando con delicatezza, quindi servite guarnendo con i jalapeños affettati.

PESCE MARINATO (Ceviche) 1 kg di filetti di pesce tipo sgombro (o halibut o branzino), 1 kg di pomodori maturi e sodi, 3-4 limoni (o lime), 1 cipolla grossa, 2 chiles serranos sottaceto, 1 manciata di coriandolo, 1-2 rametti di origano, 1 tazza di olio di oliva, sale, pepe. Pulite, lavate e asciugate i filetti di pesce, quindi tagliateli a pezzettini e lasciateli marinare in un recipiente di ceramica o vetro nel succo di limone filtrato e emulsionato con sale; coprite e fate riposare per 3 ore in luogo fresco. Due o tre ore prima di servire, preparate la salsa in modo che abbia il tempo di insaporire: pulite i pomodori dalla pellicina esterna e tritateli, quindi mescolateli in una terrina con cipolla, peperoncini, origano e coriandolo tutti tritati. Condite con olio, sale, pepe e mescolate; coprite e lasciate riposare in frigorifero. Scolate il pesce dalla marinata e mescolatelo alla salsa di pomodoro, unendo ancora olio se fosse necessario. Servite accompagnando con crostini di pane o cracker. Alcuni preferiscono sciacquare il pesce in acqua (tamponandolo poi bene con un canovaccio) prima di condirlo con la salsa; altri guarniscono il ceviche anche con polpa di avocado, olive, sottaceti e fettine di lime.

VERDURA CHILE DI FUNGHI 1 kg di grossi funghi di bosco, 75 g di chiles mulatos, 100 g di pomodori maturi, 2 spicchi di aglio, 1 rametto di epazote, 1 tazza di brodo, olio, sale. Mondate i funghi con uno straccio umido e fateli cuocere coperti di acqua con sale e 1 spicchio di aglio; non appena saranno giustamente morbidi, spegnete e lasciateli intiepidire nel liquido di cottura. Nel frattempo aprite e scottate i peperoni seguendo le indicazioni di pag. 11 e, dopo averli lasciati ammorbidire coperti di acqua caldi, frullateli con il pomodoro che avrete anche esso scottato in padella e pulito dalla pellicina esterna. In un tegame scaldate 2 cucchiai di olio e versate la salsa di chiles; dopo qualche minuto bagnate prima con un po' del liquido di cottura dei funghi, poi con il brodo caldo. Lasciate prendere calore, quindi mettete a cottura anche i funghi affettati e insaporite con l'epazote. Aggiustate di sale e lasciate cuocere su fiamma moderata per 15 minuti.

FAGIOLI CHARROS 200 g di fagioli borlotti, 100 g di chorizo o pancetta affumicata, 4 pomodori maturi, 1 cipolla piccola, 2-3 foglie di alloro, 1 peperoncino rosso secco, 1 bicchiere di birra, brodo, olio, sale. Se utilizzate fagioli secchi lasciateli a bagno per una notte con acqua e un pizzico di bicarbonato, lessateli poi seguendo le indicazioni di pag. 52. In un tegame rosolate in poco olio il chorizo sbriciolandolo (o la pancetta a pezzetti), unite la cipolla grossolanamente tritata, i pomodori a pezzetti, il peperoncino e l'alloro. Rosolate la salsa mescolando, quindi mettete a cottura i fagioli e bagnate con la birra. Aggiustate di sale, pepate e fate cuocere per una decina di minuti. Alcune versioni vengono arricchite con pezzettini di polpa di maiale già cotta.

FAGIOLI NERI SCHIACCIATI (Frijoles refritos) 250 g di fagioli neri messicani, 1/2 cipolla piccola, 3 chiles serranos o 1 peperoncino verde fresco, epazote o coriandolo, olio di oliva, sale. Pulite i fagioli lavandoli con cura, quindi lasciateli riposare per una notte in 1 l e 1/2 di acqua. Il giorno dopo eliminate i legumi che gal leggiano e ponete il resto al fuoco in una pentola di coccio con 2-3 cucchiai di olio e l'acqua d'ammollo. Cuocete su fuoco molto basso, salando solo a fine cottura perché i fagioli non induriscano. I fagioli, che alla fine dovranno risultare ben morbidi, devono rimanere sempre coperti di acqua, quindi se fosse necessario aggiungete acqua bollente nel corso della cottura. Già così i fagioli potranno venire utilizzati per molte delle preparazioni consigliate in questo manuale, ma per prepararli refritos alla messicana dovrete scaldare un po' di olio e far rosolare la cipolla tritata e il peperone verde, o i serranos, tagliato a listarelle. Mettete a cottura anche i fagioli, il loro liquido, insaporite con l'epazote o il coriandolo tritati e proseguite schiacciandoli con l'aiuto di una paletta, finché il liquido in eccesso verrà assorbito: attenzione però, la giusta consistenza sarà quella di una salsa, se quindi il tutto risultasse troppo denso aggiungete un po' di acqua. Potrete usare i fagioli schiacciati per preparare uno dei tanti, famosi, antojitos della cucina messicana: dategli la forma di un rotolo, disponetelo su un piatto da portata e guarnitelo con formaggio fresco tipo feta sbriciolato e accompagnatelo con totopos. Non avendo a disposizione i fagioli secchi o non avendo il tempo di cuocerli, potrete utilizzare anche quelli in scatola, unendo in sostituzione del liquido di cottura 1/3 di acqua.

INSALATA DI RAVANELLI 500 g di insalata verde, 8 ravanelli, 2 pomodori da insalata, 1/2 cipolla rossa, 150 g di pancetta in un'unica fetta, olio di oliva. Per la salsa: il succo di 1 limone, 1/2 spicchio di aglio, 1 cucchiaio di senape, olio di oliva, sale, pepe. Mondate con cura le verdure; tagliate i ravanelli, affettate la cipolla e i pomodori e mettete tutto in una zuppiera. In pochissimo olio rosolate la pancetta tagliata a cubetti sinché diviene croccante, scolatela e distribuitela sull'insalata. Emulsionate la senape con il succo di limone, diluite con olio e insaporite con sale, pepe e l'aglio tritato molto fine. Utilizzate la salsa per condire l'insalata, mescolando con cura.

PALE DI CACTUS IN INSALATA 500 g di nopales, 200 g di pomodori, 1 cipollotto, 1/2 cipolla piccola, 1 ciuffo di coriandolo, 2 chiles serranos sottaceto, aceto di mele, olio di oliva, sale. Le pale del cactus messicano nopal vengono largamente impiegate nellacucina messicana. Allo scopo vengono prima scottate in acqua bollente, quindi lavate per liberarle della viscosità che emettono, tagliate a dadini e condite con chiles, pomodoro ecc.; a volte vengono anche servite intere impanate con pomodoro in insalata. Pulite le vale di nopal e tagliatele a cubetti di circa 2 cm di lato, quindi lessatele in acqua bollente aromatizzata con sale e il cipollotto (perché rimangano verdi devono cuocere in un recipiente di rame). Quando risulteranno tenere, spegnete e lasciatele intiepidire nel liquido di cottura. Tritate finemente la 1/2 cipolla, il coriandolo, i pomodori, il peperoncino privato dei semi e, in una zuppiera, tutto ai nopales ben scolati. Condite con olio, aceto e sale, mescolate e lasciate insaporire qualche minuto prima di servire.

PEPERONI AL GUSTO DI PERA 2 1/2 pounds pere sbucciate, pulite e affettate 1 tazza Zucchero di canna 3/4 tazza aceto di mele 5 cucchiai tav cipolla tritata 1 cucchiaino da the sale 1 cucchiaino da the chili in polvere 1/4 cucchiaino da the comino 2 cucchiai tav peperoncino tritato 4 cucchiai tav peperoni verdi Anaheim 1 serrano private dei semi e tritato finemente Mettere tutti gli ingredienti in una palella; mescolare per farli amalgamare. Coprire e cuocere la mistura a fuoco basso per 30 minuti, aggiungendo acqua se necessario. Scoprire e continuare a cuocere per circa 25 minuti o finchè sia ben addensato, mescolando spesso. Servire freddo.

PEPERONI ARROSTITI Mettere i peperoni su una piastra da forno. Disporli sotto il grill già riscaldato a quattro inches dalla resistenza. Girarli finchè la buccia sarà coperta di bolle e carbonizzata. Chiuderli in un sacchetto di carta e lasciarveli finchè saranno sufficientemente freddi da poterli maneggiare. Partendo dalla punta, pelarli gettando il gambo i semi e la parte bianca. Adesso sono pronti per essere usati. Se non é disponibile il grill mettere ogni peperone direttamente sulla fiamma del gas girandolo spesso.

PEPERONI IN FREEZER Non bisogna sbianchire i peperoni prima di congelarli. Togliere semplicemente I semi, tagliarli a pezzi e congelarli in piccolo porzioni per un uso successivo.

PEPERONI RELLENOS RIPIENI DI GRANCHIO 8 peperoni Anaheim 1/2 pound granchio cotto o finto granchio Surimi 2 cucchiai da the succo limone appena spremuto 1 1/2 cucchiaio da the senape di Digione 2 bianchi d'uovo, leggermente sbattuti 2 cucchiai tav basilico fresco tritato finemente 3/4 tazza pangrattatoRiscaldare il forno a 175°. Preparare I peperoni facendoli cuocere sotto il grill. Metterli in un sacchetto di plastica per 10 minuti per raffreddarli. Pelare I peperoni. Aprirli da un lato e togliere I semi. Spruzzare il granchio con il succo di limone. Aggiungere la senape e mescolare bene. Aggiungere il bianco d'uovo il basilica e mescolare. Aggiungere la mollica ed impastare il tutto. Inserire il ripieno nell'apertura dei peperoni e richiuderla. Porre I pepperoni su una placca da forno unta, coprire con carta da forno e arrostire per 20 minuti. Levare dal forno e servire con salsa di pomidoro.

PEPERONI SECCHI Tagliare la pianta alla base o raccogliere ciascun peperone e fare passare un filo nella parte legnosa del gambo. Farne una collana e metterla ad essiccare in un luogo fresco ed arieggiato.

ZUCCHINE IN CARPIONE 500 g di piccole zucchine novelle, 2 chiles anchos, 1 peperoncino verde piccante, 1 cipolla piccola, 1 spicchio di aglio, 10 olive verdi, 1-2 rametti di maggiorana, 1 foglia di alloro, 1/2 cucchiaino di origano, 1 chiodo di garofano, 1 pezzetto di cannella, 1/2 tazza di aceto di mele, 1/2 bicchiere di olio di oliva, sale. Aprite i chiles, scottateli e lasciateli a bagno coperti di acqua calda come indicato a pag. 11, quindi frullateli con l'aceto, cipolla e aglio a pezzetti, le spezie, gli aromi e sale. Lessate le zucchine al dente, tagliatele a grossi vezzi e conditele ancora calde con la salsa, l'olio e le olive tritate. Mescolate e lasciate riposare qualche tempo in luogo fresco prima di servire. Potrete sostituire le zucchine con carotine, fiori di cavolfiore, fagiolini verdi o, anche, unire più tipi di verdura.

STUZZICHINI CHILAQUILES 18 tortillas di mais, 500 g di pomodori maturi e sodi, 2 chiles chipotles, 50 g di formaggio stagionato piccante, 1/4 1 di crema di latte, olio, sale, zucchero. Come per molte delle pietanze presentate in questo manuale, quella che vi proponiamo è una delle tante varianti di chilaquiles presenti nella cucina messicana. Preparate le tortillas seguendo le indicazioni di pag. 16; tostate e mondate i peperoncini come indicato a pag. 11. Passate quindi a preparare la salsa: pelate i pomodori tuffandoli per pochi istanti in acqua bollente, privateli dei semi e tritateli. In un tegame fate scaldare un po' di olio, quindi unite i pomodori e i peperoncini tritati; insaporite con un pizzico di sale e una punta di zucchero e lasciate asciugare la salsa. Tagliate le tortillas a quadratini di circa 3 cm di lato e fatele rosolare poche per volta in una padella con olio bollente: devono diventare leggermente croccanti ma non prendere troppo colore; scolatele bene dal condimento. In una pirofila adatta alla cottura in forno distribuite uno strato di tortillas, condite con la salsa e quindi con la crema di latte e il formaggio grattugiato. Proseguite alternando gli ingredienti fino al loro esaurimento e terminate con la crema di latte e il formaggio. Passate poi a cuocere in forno caldo per una decina di minuti, sinché il formaggio si sarà sciolto. Alcuni servono i chilaquiles guarnendoli con rondelle di cipolla cruda.

ENCHILADAS 12 tortillas di mais, 1 petto di pollo grande lessato e sfilacciato, 100 g di formaggio stagionato tipo grana o asiago.Per la salsa: 3 pomodori maturi e sodi, 1 cipolla, 3 chiles jalapeños, 2 spicchi di aglio, olio, sale. Bollite i pomodori coperti di acqua con 1/2 cipolla e 1 spicchio di aglio, quindi privateli della pellicina esterna e frullateli con l'altro spicchio di aglio e i chiles puliti (vedi pag. 11). In un tegame soffriggete la 1/2 cipolla rimasta tritata con un po' di olio; non appena diviene trasparente versate i pomodori, un po' della loro acqua di cottura e salate. Lasciate raddensare il sugo su fiamma moderata, poi spegnete. Se utilizzate le tortillas di mais precotte lasciatele prima ammorbidire seguendo le indicazioni di pag. 16. Bagnatele immergendole nella salsa, quindi distribuite su ciascuna un po' di carne di pollo e di formaggio grattugiato, piegatele a mezzaluna (o arrotolatele) e disponetele in una pirofila leggermente unta con olio. Condite le enchiladas con la salsa e il formaggio rimasto e passate in forno caldo per 10-15 minuti. Con le patate 24 tortillas di mais piccole e sottili, 200 g di chorizo (vedi pag. 12), 400 g di patate, 4 chiles anchos, 2 chiles serranos, 1/2 cipolla, 2 spicchi di aglio, 100 g di formaggio stagionato piccante, olio, sale. Iniziate con il preparare il ripieno: lessate le patate in acqua salata, scolatele, sbucciatele e sminuzzatele. In un tegame scaldate 2 cucchiai di olio e rosolate il chorizo mescolando con cura in modo da disfarlo bene. Non appena avrà preso colore, unite le patate, salate e mescolatele su fiamma moderata perché il tutto si insaporisca bene. Mondate i chiles seguendo le indicazioni di pag. 11, poi lasciate ammorbidire gli anchos in acqua tiepida per 10 minuti, scolateli e tagliateli a filetti. In un tegamino rosolate in 2-3 cucchiai di olio un trito di aglio e cipolla e, prima che prenda colore, unite sia i chiles anchos a filetti che i serranos tritati. Lasciate insaporire, quindi allungate con l'acqua di ammollo dei peperoni e fate scaldare. Friggete le tortillas in olio bollente e lasciatele asciugare su carta assorbente. Immergete ciascuna tortilla nella salsa di peperoni, quindi poggiatele su un piatto e distribuite sulla superficie parte del ripieno di patate e salsiccia. Arrotolatele formando dei cannelloni e servitele immediatamente dopo averle cosparse con il formaggio grattugiato.

FOCACCINE RIPIENE (Picaditas o gorditas) 500 g di impasto per tortillas (vedi pag. 16), salsa guacamole (vedi pag. 20), 100 g di formaggio stagionato piccante, olio di oliva, sale. Preparate il guacamole e lasciatelo insaporire in un recipiente coperto e in luogo fresco (evitate di mettere l'avocado che altrimenti annerirebbe). Lavorate l'impasto con le mani umide formando delle focaccine del diametro di circa 6 cm e spesse 1 cm, pizzicottandole lungo i bordi in modo da formare una specie di cestino. Fatele cuocere in una padella di acciaio (o su un comal) che avrete posto a scaldare su fiamma medioalta, rigirandole su entrambi i lati. Non appena i bordi risulteranno ben dorati, scolatele, lasciatele asciugare su carta assorbente e mettetele da parte coperte da un panno. Al momento di servire scaldate un po' di olio in un largo tegame e ponete a cuocere le picaditas lasciando i bordi pizzicottati rivolti verso l'alto; non appena inizieranno a sfrigolare, toglietele dal fuoco, farcitele con il guacamole (cui avrete aggiunto anche la polpa di avocado a pezzetti), spolveratele con il formaggio grattugiato e servitele immediatamente caldissime. Le picaditas potranno essere preparate come la vostra creatività suggerisce: farcite con fagioli schiacciati, con salse diverse, con pollo sfilacciato o chorizo rosolato ecc.

PANINI FARCITI (Molletes) 1 filone di pane tipo baguette, 200 g di fagioli schiacciati (vedi pag. 52), 150 g di formaggio semi stagionato tipo asiago, salsa di pomodoro e avocado (vedi pag. 19). Tagliate la baguette a metà nel senso della lunghezza, quindi ciascuna metà in 4-5 pezzi a seconda della lunghezza. Su ogni pezzo di pane spalmate uno strato di fagioli schiacciati e disponete 1 fetta di asiago. Passate a gratinare in forno già caldo sinché il formaggio si sarà ammorbidito, quindi servite immediatamente guarnendo con la salsa. Questa pietanza veloce e gustosa viene spesso servita come antipasto o in occasione di cene leggere.

PEPERONI AL FORMAGGIO 8 chiles poblanos della stessa grossezza, 500 g di formaggio fresco tipo feta, 500 g di pomodori maturi e sodi, 1 cipolla piccola, 1 chiodo di garofano, 1 pezzetto di cannella, 3 uova, farina, 1/2 bicchiere di crema di latte, olio, sale, pepe, zucchero. Dopo aver praticato un'incisione laterale, private i peperoni di semi e membrane interne, quindi scottateli in una padella di ferro, avvolgeteli in un panno e puliteli della pellicina esterna come indicato a pag. 11. Sciacquateli e lasciateli asciugare su un canovaccio, poi farciteli con una fetta di formaggio e richiudeteli nella forma originale (eventualmente fermate i bordi con uno stuzzicadenti). Montate a neve gli albumi d'uovo, quindi amalgamate, uno alla volta, i tuorli. Passate i peperoni nella farina, avendo l'accortezza di scrollarli da quella in eccesso, poi nel composto di uova e friggeteli in olio bollente rigirandoli spesso in modo che scuriscano in maniera uniforme. Scolateli e lasciateli asciugare su carta assorbente da cucina.Nel frattempo preparate la salsa di pomodoro: scottate i pomodori in acqua bollente per riuscire a privarli facilmente della pellicina esterna, quindi frullateli con la cipolla a pezzetti, il chiodo di garofano, la cannella e 1/2 cucchiaino di zucchero. Scaldate un po' di olio in un tegame, versate la salsa e lasciatela cuocere a pentola coperta per 15 minuti. Prima di spegnere condite con sale e pepe; se al termine della cottura il sugo fosse troppo asciutto, allungatelo con un po' di acqua calda salata. Disponete i peperoni nel tegame e lasciate scaldare per 5 minuti a recipiente coperto; prima di spegnere bagnate con la crema.

PEPERONI FREDDI AL TONNO 8 chiles poblanos piccoli, 1 pomodoro rosso e sodo, 1/2 cipolla, 1 spicchio di aglio, 1/2 tazza di crema di latte, 2 cucchiai di olio d'oliva, 1/2 bicchiere di aceto, sale, pepe. Per il ripieno: 125 g di tonno sottolio sgocciolato, 200 g di pomodori maturi e sodi, 100 g di piselli cotti, 1 avocado grosso, 1/2 cipolla piccola, olio di oliva, sale, pepe. Mondate i peperoni della pellicina esterna come indicato a pag. 11, praticate un'incisione laterale e puliteli anche dei semi e delle membrane interne. Fateli poi cuocere in un tegame in cui avrete scaldato l'olio insieme con la cipolla a pezzi e l'aglio; quando saranno rosolati da entrambi i lati bagnateli con una miscela di 1/2 l di acqua, aceto e una presa di sale. Fate prendere il bollore e lasciate sobbollire sinché si saranno ammorbiditi, quindi scolateli e lasciateli asciugare su un canovaccio. Nel frattempo preparate il ripieno amalgamando il tonno sminuzzato con la cipolla finemente tritata, i pomodori privati di pelle, semi e anch'essi tritati, i piselli. In ultimo aggiungete anche la polpa di avocado tritata, 1 cucchiaio di olio, sale, pepe e mescolate con delicatezza.Farcite i peperoni con il composto al tonno e sistemateli su un piatto da portata, copriteli con la crema di latte insaporita con sale e pepe e guarniteli con fette di pomodoro fresco.

PEPERONI IN SALSA VERDE 6 chiles anchos della stessa grossezza, 500 g di polpa di maiale, 200 g di formaggio fresco tipo feta, 1 cipolla piccola, 1 spicchio di aglio, olio, sale. Per la salsa: 500 g di tomates verdes, 2 spicchi di aglio, 1/2 cipolla piccola, 1/2 cucchiaino di origano secco o 1 rametto di fresco, olio, sale. In una pentola lessate la carne coperta di acqua con cipolla, aglio e sale. A cottura ter minata lasciate raffreddare, quindi filtrate il brodo e tagliate la carne a pezzettini. Nel frattempo praticate un'incisione sul fianco dei peperoni, apriteli e puliteli dei semi e delle membrane interne, quindi scottateli in una padella di ferro e poi lasciateli riposare per 10 minuti coperti di acqua calda. Non appena saranno morbidi, asciugateli e farciteli con una fetta di formaggio; richiudeteli dando loro la forma originale e rosolateli in poco olio girandoli su entrambi i lati. Sgocciolateli e teneteli da parte. Tritate finemente la cipolla con l'aglio e rosolatela in 2 cucchiai di olio; non appena diviene trasparente, unite i tomates che avrete pulito del rivestimento esterno e i tagliato in quarti e cuocete su fiamma moderata per 15 minuti, mescolando di tanto in tanto. Unite al sugo di tomates il brodo filtrato e la carne e proseguite la cottura per 30 minuti su fiamma bassa; in ultimo aggiungete i chiles, aromatizzate con un po' di origano e sale. Lasciate insaporire su fiamma bassa per una decina di minuti, così da scaldare bene anche i peperoni, quindi servite.

PEPERONI RIPIENI (Chiles rellenos) 8 chiles poblanos della stessa grossezza, 100 g chorizo (vedi pag. 12), 200 g di fagioli lessati, 1 cipolla piccola, 1 spicchio di aglio, 1 mazzetto aromatico piccolo, 3 uova, farina, 50 g di formaggio stagionato piccante, 1/2 bicchiere di crema di latte, aceto, 2 cucchiai di olio, sale. Esistono infinite versioni di chiles rellenos, ripieni di formaggio, carni, tonno o altro, passati (a volti) in uovo i farina, quindi rosolati i serviti accompagnati da svariati tipi di salse. In genere vengono utilizzati i chiles poblanos o anchos (chi sono i poblanos essiccati), poiché sarà però difficile trovarli in Italia potrete usare peperoni dolci, provvedendo però a rendere più saporito il ripieno o la salsa. Facendo molta attenzione a non romperli, puliti i peperoni con uno straccio umido i togliete semi i membrane interni. Copriteli con acqua portata a bollori con uno spruzzo di aceto, cipolla e l'aglio a pezzetti, il mazzetto aromatico e sali i lasciatili in ammollo sinché non si saranno ammorbiditi i non si riuscirà a privarli facilmente dilla pellicina esterna. Togliete al chorizo la pellicina esterna i rosolatelo in una padella con l'olio, mescolando in modo chi si disfi e cuocia in maniera uniforme; non appena prende colori, aggiungiti i fagioli frullati i lasciate insaporire. Con il composto di chorizo farciti i peperoni, cui darete la forma originaria saldando eventualmente i bordi con uno stuzzicadenti. In una terrina montati a nevi soda gli albumi e, mescolando con molta delicatezza, amalgamati un tuorlo alla volta. Passate i peperoni nella farina, scuotendoli da eventuali eccessi, quindi nell'uovo e rosolatili in un tegame con poco olio, avendo cura di rigirarli su entrambi i lati in modo che scurisca- no in modo uniforme; lasciateli poi scolari su della carta assorbente da cucina. Servitili ancora ben caldi guarnendoli con la crema di latte e il formaggio grattugiato. Questa è soltanto una dilli molti varianti sul tema e, di seguito vi ne presentiamo altre particolarmente rappresentative. Altri ancora potranno essere da voi ideate utilizzando picadillo o chili di carnicome ripieno e alcuni delle salsi presentati nel capitolo iniziale come accompagnamento.

PEPERONI RIPIENI CON FIORI DI ZUCCHINA 8 chiles poblanos, 400 g di fiori di zucchina, 8 fette di formaggio fresco tipo feta, 1/2 cipolla piccola, 1 ciuffo di epazote o coriandolo, 3 uova, farina, olio, salsa guacamole (vedi pag. 20), sale. Mondate i fiori di zucchina da stami e pistilli, puliteli con un panno umido e tritateli grossolanamente. In un tegame rosolate la cipolla tritata in un poco di olio, quindi unite i fiori di zucchina e l'epazote (o il coriandolo) finemente tritato; insaporite con sale e, mescolando, stufate su fiamma bassa. Preparate il guacamole arricchendolo con un paio di cucchiai di olio. Mondate i peperoni come indicato nella ricetta precedente, lavateli e asciugateli. Montate a neve gli albumi delle uova, quindi amalgamate anche i tuorli unendoli uno alla volta. Farcite ciascun peperone con una fetta di formaggio e una parte di fiori di zucchina, quindi richiudete (eventualmente fermando i bordi con uno stuzzicadenti) e passateli velocemente nella farina e nel composto di uova. Friggeteli in olio bollente, girandoli su entrambi i lati in modo che si colorino in modo uniforme, e lasciateli asciugare su carta assorbente da cucina. Serviteli ben caldi guarnendoli con il guacamole.

QUESADILLAS CON LE PATATE 250 g di impasto per tortillas (vedi pag. 16), 250 g di patate, qualche rametto di epazote (o di origano misto a timo), 100 g di formaggio tipo olandese, 2 cucchiai di farina, 1/2 bicchiere di panna, olio, sale. Per la salsa: 250 g di pomodori maturi e sodi, 1/2 cipolla piccola, 1 spicchio di aglio, 2 peperoncini verdi piccanti, I ciuffo di coriandolo, sale. Lessate le patate, sbucciatele e passatele allo schiacciapatate, quindi amalgamatele all'impasto per tortillas insieme con un pizzico di sale, la farina, la panna e, se fosse necessario, un po' di acqua. Lavorate sul piano di lavoro infarinato fino a ottenere un composto omogeneo che suddividerete in pugnetti da cui, con il matterello, ricaverete tortillas sottili di circa 10 cm di diametro. Preparate la salsa: mettete al fuoco i pomodori con i chiles e una presa di sale, coprendoli appena di acqua; non appena giungono a bollore, scolate entrambi, private i pomodori della buccia esterna e frullate con aglio, cipolla e coriandolo fino a ottenere una salsa omogenea. Su ciascuna tortillas disponete un po' di formaggio e un rametto di epazote (o degli altri aromi), ripiegate a mezzaluna premendo bene i bordi. Friggete le quesadillas per un paio di minuti girandole su entrambi i lati così che dorino in modo uniforme. Scolatele servitele guarnendole con la salsa di pomodoro. Come spiega il nome, le quesadillas dovrebbero di regola essere ripiene di formaggio, in Messico ne esistono però infinite varianti che tra gli ingredienti del ripieno vedono chorizo, funghi e, immancabili, gli squisiti fiori di zucchina.

TOSTADAS CON POLLO l' versione 24 tortillas piccole e molto sottili, 250 g di fagioli schiacciati (vedi pag. 52), 1 petto di pollo già cotto, 1 cespo di lattuga, 2 chiles chipotles conservati (en adobo), 100 g di formaggio stagionato piccante, 1/4l di crema di latte, olio. Con un coltellino o un apposito stampo ritagliate i bordi delle tortillas in modo da eliminare le slabbrature, quindi friggetele in olio bollentefino a renderle uniformemente dorate e croccanti. Scolatele e lasciatele asciugare su carta assorbente da cucina. Mondate la lattuga e tagliatela in listarelle; tritate i chipotles e sfilacciate la carne di pollo. Su ciascuna tostadas distribuite un po' di salsa di fagioli, lattuga, crema di latte, carne di pollo, formaggio grattugiato e peperoncino tritato. 2a versione 24 tortillas di mais piccole e sottili, 200 g di polpa di pollo lessata, 500 g di pomodori maturi e sodi, 1 cipolla e 1/2, 1 spicchio di aglio, 3 chiles serranos, 1 ciuffo di coriandolo, 80 g di formaggio stagionato piccante, 1 tazza di brodo di pollo, 1/2 bicchiere di crema di latte, olio, sale. Sfilacciate la polpa di pollo e mescolatela alla crema di latte insaporendo con sale, quindi lasciate riposare in frigorifero. Mondate i pomodori della pellicina esterna, poi frullateli con i peperoncini, il coriandolo, 1 cipolla e lo spicchio di aglio. Passate tutto in un tegame in cui avrete scaldato 2 cucchiai di olio e lasciate che si asciughi della metà. Prima di spegnere allungate con il brodo caldo, aggiustate di sale e fate raddensare nuovamente per qualche istante su fiamma vivace. Friggete le tortillas in olio caldo, rigirandole su entrambi i lati in modo che risultino ben dorate e croccanti; lasciatele poi asciugare su carta assorbente da cucina. Su ciascuna tostadas distribuite uno strato di salsa e guarnite con la carne di pollo. Adagiatele in un piatto da portata e spolveratele con formaggio grattugiato e un po' di cipolla tritata.

TORTILLAS RIPIENE CON PESCE (Panuchos o gordas) 12-14 tortillas non cotte, 500 g di tranci di gattuccio (o altro pesce a polpa bianca tipo sgombro, palombo ecc.), 500 g di pomodori maturi e sodi, 150 g di fagioli schiacciati (vedi pag. 52), 1 cipolla e 1/2, 1 spicchio di aglio, 2 rametti di epazote (o un misto di origano e timo), olio, sale, salsa alle cipolle (vedi pag. 23). Friggete le tortillas in olio bollente, dorandole da entrambi i lati, quindi scolatele e, ancora calde, con un coltellino dalla punta affilata incidetele orizzontalmente in modo da ricavare una tasca (fate attenzione a non bucarle). Per il ripieno pulite il pesce e lessatelo in acqua portata a bollore con l'aglio, 1 cipolla, un po' di epazote e una presa di sale; non appena è cotto, spegnete e lasciate raffreddare, quindi scolatelo, mondatelo da pelle ed eventuali lische e sminuzzatelo. Rosolate 1/2 cipolla tritata in 2 cucchiai di olio e, quando si sarà ammorbidita, aggiungete i pomodori che avrete pelato e tritato. Lasciate asciugare il sugo, quindi unite il pesce, aromatizzate con un po' di epazote finemente tritato, salate e proseguite su fiamma bassa per 5 minuti. Farcite le tasche delle tortillas con i fagioli schiacciati, quindi guarnite ciascuna con un po' di sugo di pesce e con la salsa alle cipolle. Se non riusciste ad aprire una tasca nelle tortillas, potrete formare i panuchos sovrapponendo 2 tortillas.

TACOS ALLE UOVA 24 tortillas di mais piccole e sottili, 250 g di pomodori maturi e sodi, 1/2 cipolla piccola, 1 peperoncino verde, 5 uova, olio, sale, salsa di pomodoro e avocado (vedi pag. 19). I tacos non sono altro che una delle tante pietanze messicane clle vedono come protagonista principale le tortillas; in questo caso sono farcite e arrotolate a forma di cannellone o, più semplicemente, piegate a mezzaluna. Riguardo al ripieno, potrete sbizzarrirvi con tinga, picadillo, chili, fagioli schiacciati, formaggio e servirli accompagnandoli con o senza salse. Noi ci limitiamo a consigliarvianche questa gustosa versione con le uova. Tuffate i pomodori in acqua bollente per pochi istanti, in modo da riuscire facilmente a privarli della pellicina esterna, e tritateli finemente con il peperoncino adeguatamente pulito (vedi pag. 11). In un tegame rosolate la cipolla finemente tritata in alcuni cucchiai di olio, quindi unite i pomodori e salate; lasciate scaldare, poi rompete nel tegame le uova e strapazzatele mescolando con un cucchiaio di legno sinché non si saranno rapprese (devono però rimanere morbide). Friggete le tortillas in poco olio, quindi scolatele accuratamente e farcitele con il composto di uova. Chiudete a mezzaluna e disponetele in un piatto da portata guarnendo con la salsa di avocado e pomodori. I tacos possono essere tranquillamente preparati anche con tortillas di farina bianca e volendo, dopo essere stati farciti, possono venire riscaldati sul comal o in una padella antiaderente senza alcun condimento. In Messico è frequente l'abitudine di portare in tavola varie pietanze, salse e tortillas in modo che ciascun commensale si prepari il proprio taco a piacere.

TAMALES AL CHILI 500 g di impasto per tortillas, 250 g di polpa di maiale o di pollo lessata, 200 g di tomates verdes, 2-3 peperoncini verdi, 1 cipolla piccola, 1 spicchio di aglio, 1 ciuffo di coriandolo, 1 tazza di brodo, olio, sale, una ventina di foglie di mais essiccate. I tamales sono un altro dei tradizionali stuzzichini che in Messico vengono venduti agli angoli delle strade. Ne esistono infinite versioni: piccole porzioni di masa fresca vengono farcite con differenti ripieni (dolci o salati) e quindi avvolti in foglie di mais o banano e cotte al vapore. Questi golosi pacchettini sono considerati una pietanza tipica delle fiestas e vanno serviti caldi o tiepidi. Iniziate con preparare il chili: tuffate i tomates puliti dal rivestimento esterno e i peperoncini in acqua a bollore e lasciate cuocere per 8-10 minuti. Scolate entrambi e frullateli con brodo, cipolla, aglio e coriandolo, insaporendo con una presa di sale. In un tegame scaldate un paio di cucchiai di olio, versate la crema di tomates e unite la carne tagliata a pezzettini. Lasciate insaporire 5 minuti e, prima di spegnere, aggiustate di sale. Lasciate a bagno in acqua tiepida le foglie di mais in modo che si ammorbidiscano, quindi scolatele e asciugatele. Su ciascuna foglia (dividetele in due se sono troppo grandi) distribuite un pugnetto di impasto (lasciatelo molto morbido) appiattendolo bene con il dorso del cucchiaio o il palmo della mano umidi, facendo però attenzione a lasciare almeno uno spazio di circa 2-3 cm dal bordo della foglia. Al centro dell'impasto distribuite un po' di chili, quindi ripiegate la foglia a pacchetto, in modo che il ripieno non fuoriesca - dategli una forma compatta e ordinata, che ingolosisca alla vista e per chiuderlo aiutatevi eventualmente con del filo da cucina o qualche striscia di foglia. Sistemate i tamales in un cestello per la cottura al vapore, inclinandoli leggermente l'uno sull'altro per non fare uscire il ripieno, e cuoceteli a vapore per 1-2 ore: Saranno pronti quando la pasta si staccherà facilmente dalla foglia di mais. In caso utilizziate una pentola a pressione, dimezzate i tempi di cottura.

FORMAGGIO FUSO CON FILETTI DI PEPERONE (Rajas con queso) 4 tazze di formaggio tipo edam, 2 chiles poblanos (o 1 peperone verde dolce e 1 verde piccante), 1/2 1 di latte, 50 g di burro, sale, pepe. Il formaggio fuso viene solitamente servito come piccolo spuntino o in accompagnamento a carni alla griglia. Si serve con tortillas da usarea mo' di cucchiaio o con totopos. Consigliamo di preparare una por- zione per volta per ottenere una cottura più loce e omogenea. Pulite i poblanos seguendo le indicazioni di pag. 11 e tagliatelo a sottili filetti (rajas). In un pentolino fate sciogliere il burro e rosolate il peperone; versate quindi il latte e, non appena si sarà scaldato, aggiungete il formaggio (il latte eviterà che si attacchi al fondo della pentola) e insaporite con sale e pepe. Cuocete su fiamma bassa, mescolando in continuazione con un cucchiaio di legno così da permettere al formaggio di sciogliersi e di amalgamarsi al condimento. In genere sono sufficienti 10-12 minuti ma, se desiderate che il formaggio acquisti un colore più scuro e si insaporisca ulteriormente, potrete aumentare il tempo di cottura. Oltre che con i peperoni il formaggio fuso può anche essere preparato con chorizo o funghi, entrambi rosolati a parte e aggiunti come guarni- zione prima di servire.

UOVA La cucina messicana usa frequentemente le uova sia in complemento di altre ricette sia come piatto `a se stante'. In quest'ultimo caso le troviamo - strapazzate, sode, all'occhio di bue ecc. - spesso accompagnate a ingredienti quali pomodoro, fagioli, chorizo, nopales... Quelle che vi presentiamo sono le 2 preparazioni a base di uova più diffuse in Messico, entrambe vedono la partecipazione di pomodoro e peperoncino.

UOVA ALLA RANCHERO (Huevos rancheros) 6 uova, 200 g di pomodori maturi e sodi, 2 chiles poblanos, 1 peperoncino verde fresco, 1 cipolla piccola, 1 spicchio di aglio, 1 ciuffo di coriandolo, 6 fette di formaggio fresco, olio, sale, 6 tortillas sottili. Pulite i peperoni poblani scottandoli, privandoli della pellicina e tagliandoli a filetti sottili come indicato a pag. 11, poi rosolateli in poco olio. Preparate la salsa: e bollite i pomodori coperti da poca acqua, con il peperoncino (pulito dei semi e delle membrane interne) e lo spicchio di aglio; privateli poi della pellicina esterna e frullateli con la cipolla a pezzetti e il coriandolo. Lasciate raddensare la salsa al fuoco con un po' di olio e aggiustate di sale prima di spegnere; se si fosse asciugata troppo allungatela con un po' dell'acqua di cottura dei pomodori. Dorate le tortillas in poco olio bollente, rigirandole su entrambi i lati e senza farle scurire eccessivamente, quindi sgocciolatele accuratamente e disponetele su un piatto da portata. In poco olio cuocete le uova "all'occhio di bue", quindi disponetene una su ciascuna tortilla, condendo con la salsa di pomodoro, una fetta sottile di formaggio fresco e qualche filetto di peperone poblano. Una variante meno diffusa delle uova alla ranchero prevede la sostituzione della salsa di pomodoro con una a base di tomates verdes.

UOVA ALLA MESSICANA (Huevos a la mexicana) 6 uova, 400 g di pomodori maturi e sodi, 4 chiles serranos, 1/2 cipolla, 100 g di formaggio fresco tipo feta, 1/2 bicchiere di crema di latte, olio, sale. In poco olio rosolate la cipolla finemente tritata, quindi unite i pomodori spellati e tritati, salate e lasciate raddensare per pochi minuti. Ungete con olio una pirofila da forno, sul fondo distribuite metà della salsa e disponete le uova che avrete fatto rassodare e tagliato a metà nel senso della lunghezza. Ricoprite con il resto della salsa e condite con la crema di latte, il formaggio sbriciolato, i chiles mondati e tagliatia filetti (vedi pag. 11). Passate per pochi minuti in forno caldo e servite. Un'altra versione prevede che le uova vengano strapazzate nella salsa di pomodoro e servite con tortillas di mais.

DOLCI CREMA DOLCE DI ZUCCA E MANDORLE 1 kg di polpa di zucca già cotta e frullata, 100 g di mandorle sgusciate, 600 g di zucchero, 6 uova, 1 l di latte, 1 bicchiere di sherry. Pulite le mandorle dalla pellicina esterna tuffandole in acqua bollente, quindi passatele al mixer e unitele al latte. In una casseruola su fiamma moderata mescolate la polpa di zucca frullata con lo zucchero, sin quando non si sarà asciugata e lo zucchero sarà stato assorbito. Sempre mescolando versate il latte caldo con le mandorle e, non appena il composto prende il bollore, togliete dal fuoco e, amalgamando con cura, aggiungete i tuorli d'uovo (uno per volta) e lo sherry. Rimettete sul fornello ancora per qualche minuto senza smettere di mescolare, quindi versate in coppette.

DOLCE DI PANE 1 filone di pane tipo baguette, 500 g di zucchero grezzo (piloncillo), 5 uova, 4 chiodi di garofano, 1 pezzetto di cannella, 50 g di uvetta passa, 1 bicchiere di sherry. Il dolce di pane viene preparato in periodo di Quaresima e ne esistono differenti versioni a seconda delle regioni. Preparate uno sciroppo sciogliendo lo zucchero in 1 l abbondante di acqua e aromatizzando con i chiodi di garofano e la cannella; lasciate sobbollire sinché prende la giusta consistenza, quindi togliete dal fuoco. Mescolate 1/4 dello sciroppo con lo sherry e utilizzatelo per bagnare il pane tagliato a fette alte circa 1 cm che avrete disposto in un largo piatto da portata. Battete bene i tuorli e amalgamateli poco per volta al resto dello sciroppo in modo da ottenere un composto omogeneo. Rimettete poi tutto al fuoco e mescolate lasciando raddensare, quindi versate tutto sul pane e guarnite con l'uvetta che avrete fatto ammorbidire in acqua tiepida e asciugato.

FRITTELLE ALLO SCIROPPO (Buñuelos con miel) 500 g di farina, 2 cucchiai di margarina, 4 uova, vino bianco moscato, olio, sale. Per lo sciroppo: 500 g di zucchero grezzo, la scorza di 1/2 arancia Mescolate la farina con una presa di sale e disponetela a fontana sul piano di lavoro. In un incavo centrale rompete le uova e mettete la margarina fatto ammorbidire a temperatura ambiente e tagliata a pezzettini, quindi impastate energicamente unendo tanto vino quanto sarà necessario a ottenere un impasto omogeneo ed elastico; lasciate poi riposare in un recipiente coperto da un panno umido per 30 minuti. Nel frattempo preparate lo sciroppo con cui accompagnare le frittelle: in una casseruola mescolate sul fuoco lo zucchero con una pari quantità di acqua e la scorza di arancia (solo la parte arancione) tagliata a sottilissimi filetti; lasciate sobbollire su fiamma moderata continuando a mescolare per circa 20 minuti, finché lo sciroppo non avrà preso la giusta consistenza. Suddividete l'impasto e, lavorando con piano di lavoro e matterello infarinato, ricavatene delle dischi molto sottili di circa 15-18 cm di diametro che farete dorare su entrambi i lati in olio bollente. Scolate con cura le frittelle, lasciatele asciugare su carta assorbente da cucina e servitele calde cospargendole con lo sciroppo. A volte i boñuelos vengono anche serviti ancora bollenti spolverati con zuccherosemolato, oppure tiepidi cosparsi di cioccolata calda.

PANE DEI MORTI 500 g di farina, 100 g di zucchero, 100 g di burro, 6 uova, 15 g di lievito in polvere, 1 cucchiaio di acqua di fiori di arancio, 1/2 cucchiaino di semi di anice, sale. Non è certo la mestizia che in Messico caratterizza le giornate dei morti, che si festeggiano con questo dolce. In quei giorni di novembre le tombe vengono decorate con calendule, luci colorate e i cimiteri divengono luogo di scambio e incontro. In una scodella mescolate 2 cucchiai di farina con il lievito e acqua fino a ottenere un impasto soffice e omogeneo che lascerete riposare coperto sinché avrà raddoppiato il suo volume. Sul piano di lavoro disponete a fontana il resto della farina mista a un pizzico di sale e allo zucchero; in un incavo mettete le uova, lo zucchero, i semi di anice leggermente contusi, l'acqua di fiori di arancio, il burro fatto ammorbidire a temperatura ambiente e tagliato a pezzettini. Impastate il tutto e poi unite anche la pasta lievitante: lavorate energicamente sinché l'impasto prende una consistenza omogenea e soda, quindi ponetelo in una terrina, coprite e lasciate riposare in luogo tiepido per almeno 3-4 ore. Quando la pasta avrà raddoppiato il volume, manipolatela nuovamente sul piano di lavoro infarinato, quindi dividetela in porzioni; a 1/3 di queste date la forma di un teschio, mentre con le altre modellate delle tibie. Sulla piastra del forno unta di olio incrociate due tibie e sopra sistemate un pezzo di pasta a forma di cranio, così fino a esaurimento dell'impasto; pennellate le forme con il latte perché rimangano attaccate. Coprite e lasciate riposare per 1 ora, quindi cuocete in forno molto caldo per circa 10 minuti, abbassate e proseguite a temperatura moderata per 20 minuti circa. Togliete i dolci dal forno bagnateli con latte o tuorlo d'uovo sbattuto e spolverateli di zucchero, quindi rimettete brevemente in forno.

PERE CON COCCO CANDITO 7 pere cotogne, 100 g di mandorle sgusciate, 350 g di zucchero grezzo (piloncillo), 1 tazzina di panna. Per il cocco candito: 100 g di polpa di cocco fresco, 100 g di zucchero, 1 uovo. Preparate il cocco candito: fate sciogliere lo zucchero con 1 dl e 1,2 di acqua su fiamma moderata in una casseruola protetta da una retina frangifiamma. Non appena lo sciroppo inizia a sobbollire, unite la polpa di cocco grattugiata e, mescolando, lasciate asciugare. Togliete dal fuoco e amalgamate con cura il tuorlo d'uovo, quindi scaldate ancora per 2-3 minuti. Sbucciate le pere, tagliatele a metà per il lungo e pulitele dal torsolo scavando anche un po' di polpa in modo da ricavare un incavo in cui sistemare il cocco. Preparate uno sciroppo diluendo lo zucchero in una pari quantità di acqua e mescolando su fiamma moderata; immergete le pere nello sciroppo e fate cuocere per 1 ora su fiamma molto bassa. Spegnete e lasciate riposare la frutta nello sciroppo per un giorno intero. Il giorno dopo rimettete al fuoco e fate raddensare lo sciroppo, quindi scolate le pere e disponetele in un piatto da portata farcendole con il cocco candito. Frullate 1 chiara d'uovo con le mandorle (private della pellicina esterna) e amalgamatele allo sciroppo; rimettete tutto al fuoco e, mescolando, versate la panna. Continuate a mescolare sinché otterrete una consistenza abbastanza densa, quindi utilizzate la salsa per guarnire le pere farcite.

RISO AL LATTE (Arroz con leche) I' versione 1 tazza di riso bianco, la scorza di 1/2 limone, 2-3 pezzetti di cannella,50 g di uvetta passa, 2 tazze di latte, 1 tazza di zucchero, cannella in polvere. Sciacquate il riso sotto acqua corrente, sinché non lascerà più impurità, quindi mettetelo al fuoco con 3 tazze di acqua, la scorza di limone e la cannella a pezzetti. Non appena avrà assorbito il liquido (e sarà già in parte cotto) unite il latte fatto prima scaldare con lo zucchero, mescolate con delicatezza e proseguite la cottura per altri 15 minuti. In ultimo aggiungete l'uvetta prima ammorbidita in acqua tiepida e scolata. Durante la cottura non mescolate eccessivamente o con troppa energia, per evitare di spezzare i chicchi. Al termine versate il riso (che dovrà essere rimasto un po' liquido) in coppette singole, guarnite con un pizzico di cannella in polvere e lasciate raffreddare prima di servire. 2a versione 150 g di riso, 250 g di zucchero, 5 uova, 1 l e 1/4 di latte, 30 g di burro, 50 g di uva passa, 1 pezzetto di cannella. Fate cuocere il riso coperto di acqua su fiamma bassa e, quando l'acqua sarà quasi del tutto assorbita, unite il latte mescolato allo zucchero e alla cannella. Lasciate sobbollire piano sinché anche il latte non verrà assorbito, mescolando dolcemente in modo da non rompere i chicchi. Togliete dal fuoco e amalgamate al composto un tuorlo d'uovo alla volta. Rimettete a cuocere ancora qualche minuto, quindi unite metà dell'uvetta fatta rinvenire in acqua tiepida e asciugata e versate tutto in uno stampo per budini imburrato. Distribuite sulla superficie qualche fiocchetto di burro e passate a cuocere in forno caldo sinché la superficie non prenderà colore. Servite guarnendo con il resto dell'uvetta.

TORTA DI ANANAS 1 grosso ananas, 2 piccole noci di cocco o 1 grande, 50 g di mandorle sgusciate, 800 g di zucchero grezzo (piloncillo), 8 uova. Sbucciate l'ananas, tagliatela a pezzetti e mettetela al fuoco coperta di acqua (circa 1/2 1) lasciando sobbollire piano. Non appena risulterà morbida scolatela e passatela al mixer; filtrate il liquido di cottura e rimettetelo al fuoco con lo zucchero. Mescolando lasciate che lo sciroppo prenda consistenza, quindi unite la polpa di cocco finemente grattugiata e quella di ananas. Lasciate asciugare senza smettere di mescolare, quindi togliete dal fuoco, e amalgamate con cura 1 tuorlo alla volta. Rimettete al fuoco ancora per qualche minuto, sempre mescolando, quindi versate in uno stampo o in coppette singole e guarnite con le mandorle, che avrete tuffato in acqua per privarle della pellicina esterna e tostato in un padellino antiaderente.

E Adesso : 6 Ricette Di Bevande Messicane!

BEVANDE ATOLE ALLE FRAGOLE 75 g di maizena, 80 g di zucchero, 1 pizzico di bicarbonato di sodio, 1 pezzetto di cannella, 100 g di fragole, 1/2 1 di latte. Portate a bollore 1/2 1 di acqua con la cannella e, mescolando, versate la maizena prima stemperata in 1 bicchiere di acqua fredda. Lasciate sobbollire piano per circa 20 minuti quindi, senza smettere di mescolare, unite il latte caldo e lo zucchero mischiato al bicarbonato. In ultimo unite le fragole che avrete lavato e passato attraverso un setaccio. Amalgamate con cura e servite caldo. Volendo sarà possibile sostituire le fragole con ananas o guava (in parte frullati e in parte a cubetti), cioccolato, vaniglia o noci.

BEVANDA AL RISO (Agua de orchiata) 250 g di riso, 2 pezzetti di cannella, 1/2 l di latte, zucchero. Lasciate riposare il riso in 3 tazze di acqua fredda per circa 2 ore, quindi passate tutto al frullatore. Unite al composto la cannella e il latte;mescolate con cura, allungando con 1 1 di acqua e zuccherando a piacere. Servite ben fredda, come bevanda dissetante o anche per accompagnare un pranzo.

BEVANDA AI FIORI DI IBISCO (Agua de jamaica) 150 g di fiori di ibisco secchi, 150 g di zucchero. Lavate i fiori e scolateli bene, poi portateli a bollore con 1/2 1 di acqua, abbassate la fiamma e lasciate sobbollire per una decina di minuti. Filtrate l'infuso, diluitelo con altrettanta acqua e zuccheratelo a piacere. Servite molto ghiacciata.

MARGARITA 6/10 di tequila, 3/10 di Cointreau, 1/10 di succo di lime o limone, sale. Miscelare tequila, Cointreau e succo di lime nello shaker con ghiaccio cristallino e servire in una coppetta da cocktail molto fredda e orlata di sale.

GRANITA DI ANANAS (Garapiña) 1 ananas non troppo grosso, 100 g di tamarindo, I kg di zucchero, 2-3 limoni, 1/2 cucchiaino di polvere di cannella, 5 chiodi di garofano. Sbucciate la polpa dell'ananas, passatela al mixer e lasciatela in infusione in 2 1 di acqua per 3 giorni; in metà dose di acqua e per lo stesso tempo si lasciano in infusione anche i tamarindi che avrete leggermente schiacciato. Scolate quindi entrambi e unite 2 1 di acqua, lo zucchero, le spezie, il succo filtrato di limone. Mescolate con aura e lasciate riposare per almeno 1 ora in freezer. Di tanto in tanto mescolate il liquido in modo che si ghiacci ma non si solidifichi troppo. Volendo è anche possibile servirla fredda di frigorifero accompagnandola con ghiaccio tritato o in cubetti.

TEQUILA SUNRISE 3/10 di tequila, 7/10 di succo di arancia, sciroppo di granatina. Miscelare la tequila con il succo di arancia in un bicchiere tumbler con alcuni cubetti di ghiaccio. Completare con uno spruzzo di sciroppo di granatina al fine di dare l'effetto del sole che nasce...

LIBRO 2

VUOI CONOSCERE LE MIGLIORI

RICETTE ARABE ?

Arabic Food Recipes - Italian Language Edition :

Ricettario Con Cibi Ed Alimenti Provenienti Dall' Arabia Saudita

Complete Cookbook For Breakfast, Lunch And Dinner !

Food And Beverage - World

CUCINA ARABA COUSCOUS PANE E BEVANDE COUSCOUS 500 g di semola di grano duro, acqua, sale Mettere la semola in una terrina e, con le dita bagnate d'acqua leggermente salata, raccoglierla e manipolarla fino a ricavare delle palline non più grandi della testa di uno spillo. Distendere il couscous su una tovaglia e lasciarlo asciugare per 3 ore. Scaldare dell'acqua in una couscoussiera; appena inizia a fremere mettere il couscous nel cestello, coprirlo con uno panno bagnato e cuocerlo per 45 minuti. Scolarlo, versarlo in una terrina, spruzzarlo con un po' d'acqua fredda e lasciarlo raffreddare per 15 minuti. Rimetterlo quindi nella couscoussiera e cuocerlo per altri 20 minuti. A questo punto il couscous è pronto e, secondo la preparazione, lo si lasci raffreddare o lo si unisca agli altri ingredienti.

PASTA 250 di farina di grano duro , 1 cucchiaino di sale, acqua, 250 g di farina di frumento , olio extravergine d'oliva Lavorare gli ingredienti con l'acqua necessaria a ottenere un composto simile alla pasta da pane. Impastare con forza, aggiungendo altra acqua fino ad arrivare alla consistenza di una pasta da bignè. Continuare a lavorare l'impasto sollevandolo e sbattendolo ripetutamente sul piano da lavoro: dovrà divenire molle e molto elastico. Porlo in un recipiente, coprirlo con 2 millimetri d'acqua e farlo riposare per un'ora. Passare una carta da cucina imbevuta d'olio su una piastra rotonda, di ferro o di metallo, di 30 centimetri di diametro. Bagnarsi le mani con acqua fredda, prendere con le dita un pezzo di pasta e picchiettarla rapidamente sulla piastra calda in modo che la pasta si rapprenda appena la tocca, lasciandovi ogni volta una sottile pellicola; continuare l'operazione in modo da unire le pellicole e ottenere un foglio che, una volta cotto, si staccherà facilmente dalla piastra. Cuocere la pasta da un solo lato e porla su un tovagliolo. Continuare la stessa operazione fino a esaurire la pasta impilando i dischi uno su l'altro, sempre con il lato brillante rivolto verso l'alto per evitare che si incollino fra di loro.

PANE ARABO Pitta per 12 pezzi: 1,5 tazze d'acqua, 1,5 kg e di farina , 1 cucchiaino di zucchero, 7 g di lievito in polvere , olio extravergine d'oliva Lavorare in una ciotola il lievito, l'acqua e lo zucchero e porre in luogo caldo per 5 minuti, finché sarà diventato schiumoso. Mettere la farina, il composto di lievito e 2 cucchiai d'olio nell'impastatrice e azionare fino a ottenere un impasto compatto. Disporlo su una superficie infarinata e lavorare fino a farlo diventare elastico. Trasferirlo in un recipiente oliato, proteggere con pellicola trasparente e con un panno, poi lasciare riposare in luogo caldo per 20 minuti, così che raddoppi il volume. Premere con la mano sull'impasto per farne uscire l'aria, dividerlo in 12 pezzi e stendere ogni porzione in un disco alto circa 5 millimetri. Disporre i dischi su una piastra da forno unta, spennellarli d'acqua e lasciarli lievitare per altri 20 minuti. Riscaldare il forno a 250 °C. Spennellare di nuovo i dischi con acqua e infornarli per circa 5 minuti.

MALSUKA per 12 malsuka: 3 uova, 200 g di semola di grano duro, olio extravergine d'oliva Queste crespelle sottili si usano per confezionare i brik e si trovano anche già pronte nei negozi specializzati più forniti. Sbattere leggermente le uova e incorporare la semola; far riposare almeno un'ora.Ungere una padella antiaderente di 25-30 centimetri di diametro e cuocere la pastella formando crespelle sottilissime.

PANE INTEGRALE Khobz per 16 pezzi: 2,5 tazze di farina integrale, 1/3 di tazza di farina di mais, 7 g di lievito di birra, 1 tazza e 1/4 d'acqua, 1 uovo, 1/2 cucchiaino di paprica dolce, 1 cucchiaio d'olio extravergine d'oliva, 2 cucchiai di semi di sesamo, 1 cucchiaino di zucchero, 1 cucchiaino di sale In un recipiente mescolare mezza tazza di farina integrale, zucchero, sale, lievito e acqua; lasciare riposare il composto, coperto e al caldo, finché non si gonfia. Setacciare il resto della farina integrale con quella di mais, mescolare aggiungendo la paprica e l'olio. Unire i due composti e formare un impasto consistente e omogeneo; coprire e far riposare al caldo per 20 minuti. Formare 16 dischi, disporli sulla piastra da forno e cospargerli con l'uovo leggermente sbattuto e i semi di sesamo; coprire e lasciar lievitare. Cuocere in forno già caldo a 180 °C per circa 12 minuti.

HARISSA 100 g di peperoncini rossi essiccati 1/3 di tazza di semi di cumino, 6 spicchi d'aglio , 1/3 di tazza di sale, 1/2 tazza di semi di coriandolo , olio extravergine d'oliva Privare i peperoncini di picciolo e semi, tagliarli a metà e ammorbidirli in acqua bollente. Scolarli e frullarli con aglio, coriandolo e cumino macinati, sale e l'olio d'oliva versato a filo.

LIMONI SOTTO SALE limoni con la scorza sottile, succo di limone, sale grosso , acqua Lavare accuratamente i limoni e porli in un grande recipiente di vetro (o plastica), coprirli con acqua fredda e lasciarli in ammollo per 3-5 giorni, cambiando l'acqua ogni giorno. Scolarli ed effettuare quattro incisioni longitudinali su ogni frutto con la punta di un coltello, senza avvicinarsi troppo alle estremità; praticare dei tagli profondi lungo le incisioni, così da formare quattro spicchi, uniti alle estremità. Inserire un quarto di cucchiaino di sale nel centro di ciascun limone, quindi disporli in vasi di vetro a chiusura ermetica sterilizzati. Aggiungere in ogni vaso un cucchiaio di sale grosso, il succo filtrato di un limone e acqua bollente fino a coprire i frutti. Conservare i vasi in luogo asciutto per 3 settimane. Al momento di usarli, sciacquare bene i limoni sotto acqua corrente, estrarre la polpa da ogni spicchio e utilizzare solo la scorza.

CAFFE' ALLA TURCA per 1 persona: 1 tazzina d'acqua, 1,5 cucchiai di caffè, 2 cucchiaini di zucchero Per preparare il caffè alla turca la miscela deve essere fresca e macinata finissima, una polvere della consistenza del borotalco; questo risultato non si può ottenere con un normale macinino da caffè, ma è necessario usare il tradizionale macinino turco dalla forma stretta e allungata. Per ogni persona mettere nell'apposito recipiente, ibrik, o in normale pentolino il caffè, l'acqua e lo zucchero. Mescolare bene, mettere il pentolino sul fuoco a fiamma molto moderata e attendere che la miscela prenda il bollore, formando sulla superficie una schiuma densa. Togliere il tegamino dal fuoco, attendere che la schiuma si abbassi e rimetterlo sul fuoco; ripetere questa operazione per tre volte. Distribuire sul fondo di ogni tazzina la crema che si sarà formata e quindi, con molta delicatezza, versarvi sopra il caffè. Prima di bere attendere che la crema salga in superficie e che gran parte della polvere di caffè precipiti sul fondo della tazza.

THE ALLA MENTA per 4 persone :acqua, 1,5 cucchiai di te, 1 cucchiaio di menta essiccata ,rametti di menta fresca, 100 g di zucchero per guarnire Mettere tutti gli ingredienti in una teiera, precedentemente riscaldata, aggiungere acqua bollente, coprire e lasciare in infusione per 5 minuti. Mescolare, assaggiare e, secondo la tradizione, versare il tè in bicchieri da bibita decorando con foglioline di menta fresca.

ANTIPASTI INSALATA DI CETRIOLI ALLO YOGURT Khiair b'leban Cetrioli, 1 cucchiaio di tahina, 1 vasetto di yogurt naturale, 1 manciata di menta essiccata , foglie di menta fresca, 1/2 spicchio d'aglio per guarnire Mondare e lavare i cetrioli e tagliarli a cubetti; tritare l'aglio e la menta. Unire tutti gli ingredienti in un piatto fondo, mescolare, guarnire con foglie di menta fresca e servire.

POLPETTINE DI CECI Falafel 400 g di ceci, cipolla, mazzetto di prezzemolo, 2 spicchi d'aglio, 2 cucchiaini di semi di cumino, 1 cucchiaino di coriandolo in polvere, sale, pepe, olio per friggere Lasciare in ammollo in acqua i ceci per 24 ore, quindi scolarli. Riunire in un frullatore i ceci, la cipolla, il prezzemolo e l'aglio mondati, i semi di cumino, il coriandolo, un pizzico di sale e uno di pepe; frullare per 20 secondi fino a ottenere un impasto fine e omogeneo. Lasciarlo riposare in frigorifero per un'ora. Formare con il composto delle polpette piuttosto piccole e dorarle nell'olio bollente, girandole delicatamente, per 4 minuti circa. Se non si riuscisse a formare le polpette perché il composto risulta troppo liquido, si può aggiungere un po' di farina. Quando le polpette saranno dorate, toglierle dalla padella e porle ad asciugare su carta da cucina. I falafel vanno serviti, a piacere, caldi o freddi su un letto di verdura.

BRIK CON CARNE E UOVA "DITA DI FATMA" Malsuka 3 uova, burro, 200 g di carne di manzo tritata , sale, pepe, 1 cucchiaio di parmigiano grattugiato, olio per friggere Preparare i malsuka. Rassodare un uovo e tagliarlo a dadini. Rosolare in un po' di burro la carne di manzo tritata. Mescolare insieme la carne, l'uovo sodo, le altre 2 uova intere e il formaggio grattugiato, regolare di sale e pepe. Dividere il composto sui malsuka, chiuderli a cilindro e friggere i brik nell'olio bollente fino a quando saranno uniformemente dorati.

BRIK CON CARNE 8 malsuka, 250 g di carne tritata di manzo (o agnello o anche mista), 2 rametti di prezzemolo, 1 cipolla, 15 g di burro, 2 cucchiai d'acqua , sale, pepe, olio per friggere Preparare i malsuka. Mondare la cipolla e tritarla; lavare e tritare anche il prezzemolo. Mescolare la carne con la cipolla, condirla con sale e pepe e metterla in una casseruola con il burro e 2 cucchiai d'acqua; far cuocere il tutto a fuoco lento. Levare dal fuoco, aggiungere il prezzemolo e rimettere il tutto a cuocere per 2 minuti, mescolando.Piegare i quattro bordi dei fogli di pasta in modo da formare dei quadrati, farcirli con il composto preparato e piegare ogni quadrato in due in modo da ottenere dei triangoli. Friggere i brik in olio bollente fino a quando saranno doratida entrambe le parti e servirli appena pronti.

BRIK CON UOVA E TONNO 8 malsuka, capperi sottosale, 100 g di tonno sottolio , sale, pepe 8 uova, 1 cipolla, 1 ciuffetto di prezzemolo , olio per friggere Preparare i malsuka. Mondare, lavare e tritare separatamente la cipolla e il prezzemolo. Disporre su ogni malsuka qualche pezzetto di tonno sgocciolato, un po' di prezzemolo e cipolla tritati e qualche cappero sottosale; sgusciare al centro un uovo, salare e pepare leggermente, chiudere la crespella a triangolo o a pacchettino e friggere i brik in ab- bondante olio bollente.

PUREA DI CECI ALLA SIRIANA per 6-8 persone: 2 cucchiai d'olio extravergine d'oliva, 250 g di ceci, acqua , il succo di 1 limone , 1/2 cucchiaino di sale, spicchi d'aglio , paprica dolce per guarnire Lasciare i ceci in ammollo coperti d'acqua per tutta la notte. Il giorno successivo scolarli e trasferirli in una pentola piena d'acqua, portare a ebollizione e lasciare cuocere a fuoco lento per un'ora; quindi scolarli. Mettere i ceci, il succo del limone, l'olio, 2 cucchiai d'acqua, l'aglio e il sale nel bicchiere del frullatore e azionare per 30 secondi fino a ottenere un composto omogeneo. Sistemare l'hummus in una ciotola, cospargerlo di paprica e a piacere servirlo accompagnato da pane.

BRIK CON UOVA, TONNO E PATATE 8 malsuka , 1 spicchio d'aglio, 200 g di tonno sottolio, sale, pepe, 4 uova, 2 patate, 1 cipolla , 1 limone per guarnire, 1 mazzetto di prezzemolo , olio per friggere Mondare e lavare le verdure e gli aromi. Sbucciare le patate, tagliarle a pezzetti e lessarle in acqua salata. Tritare insieme il prezzemolo, l'aglio e la cipolla e farli bollire in poca acqua. Sbriciolare in una ciotola il tonno sgocciolato, aggiungervi le uova e mescolare. Quando le verdure saranno cotte, scolarle accuratamente e versarle nella ciotola con uova e tonno, mescolare e regolare di sale e pepe. Piegare i quattro bordi dei dischi di pasta in modo da formare dei quadrati, farcirli con il composto preparato e piegare ogni quadrato in due in modo da ottenere dei triangoli. Friggere i brik in olio bollente fino a quando saranno dorati da entrambe le parti e servirli appena pronti accompagnando con spicchi di limone.

FAGOTTINI DI SPINACI Sabaneh per la pasta da pane 500 g di farina, bustina di lievito di birra secco, cucchiaino di zucchero, acqua, sale per il ripieno: 1 kg di spinaci, 1 cipolla, 15 gherigli di noce, debs rummaneh, olio extravergine d'oliva, sale, pepe Preparare la pasta da pane unendo agli ingredienti l'acqua necessaria a ottenere una pasta morbida ed elastica; lasciar lievitare in luogo tiepido fino a che avrà raddoppiato il volume. Preparare il ripieno: mondare gli spinaci, lessarli e strizzarli bene. In una teglia soffriggere la cipolla sottilmente affettata in poco olio; unire gli spinaci e i gherigli di noce tritati grossolanamente, insaporire con debs rummaneh, sale e pepe e saltare il tutto per pochi minuti. Stendere la pasta a pochi millimetri di spessore e ricavare dischi di 7-8 centimetri di diametro. Disporre al centro di ogni disco un po' di ripieno e richiudere con tre falde, in modo da formare fagottini a forma di piramide triangolare. Ungere una teglia da forno e disporvi i fagottini leggermente distanziati l'uno dall'altro; infornare a circa 180-200 °C per 30-40 minuti, o fino a che avranno preso un bel colore dorato. Servire i sabaneh freddi.

PUREA DI MELANZANE Ghannouj 2 melanzane, 1 mazzetto di prezzemolo, 2 spicchi d'aglio, olio extravergine d'oliva, 3 cucchiai di tahina , sale, il succo di 1 limone Mondare e lavare le melanzane, bucherellarle con una forchetta e metterle nel forno caldo per circa un'ora. Quando saranno molli e cotte, estrarle dal forno, eliminarne la buccia e mettere la polpa in una ciotola; schiacciarla bene con una forchetta, aggiungere gli spicchi d'aglio tritati, la tahina, il succo del limone e un pizzico di sale; amalgamare bene il tutto. Sistemare la purea in un piatto da portata, completarla con il prez- zemolo tritato e un filo d'olio e servirla accompagnandola a piacere con fette di pane tostato.

FETTINE DI CARNE MARINATA Chawarma 500 g di carne a fettine (pollo, agnello o vitello), 1/2 tazza d'aceto, 1/2 cucchiaio d'aglio tritato, 1 pizzico di cannella in polvere, 1 pizzico di paprica dolce, 1 pizzico di noce moscata, 1 pizzico di cardamomo in polvere, olio extravergine d'oliva, sale, pepe Far marinare la carne per una notte con l'aceto, l'aglio, le spezie, sale e pepe. Il giorno successivo dorare, ma non cuocere, le fettine in un po' d'olio; tagliarle a strisce sottili e sistemarle in una pirofila, coprire con un foglio d'alluminio e infornare a calore medio per circa 20 minuti; scoprire e cuocere ancora 10 minuti.

PUREA DI BURGHUL E CARNE D'AGNELLO 500 g di carne magra d'agnello, olio extravergine d'oliva, 130 g di burghul fine, sale, pepe, 1 cipolla, succo di limone , foglie di lattuga, 2 cucchiai d'acqua per accompagnare La ricetta tradizionale prevede di pestare la carne in un mortaio di pietra, ma fortunatamente si può ottenere lo stesso risultato anche con un tritacarne. Mondare la cipolla e passarla al tritacarne assieme alla carne e a un pizzico di sale e pepe; se il composto non fosse abbastanza omogeneo, passarlo un'altra volta al tritacarne. Mescolare il tutto con cura aggiungendovi l'acqua fredda. Sciacquare il burghul versarlo in un setaccio e strizzarlo in modo da eliminare quanta più acqua possibile. Unirlo al composto di carne e cipolla, impastarlo bene, regolare di sale e pepe e passare di nuovo il tutto al tritacarne. Sistemare la preparazione in un piatto da portata, spruzzarla con olio e succo di limone e servirla accompagnata con foglie di lattuga con le quali, secondo la tradizione, ogni commensale prenderà un po' di composto che mangerà assieme alla lattuga stessa.

ROTOLINI ALLA CARNE Briouat alla kefta per 4-6 persone: 400 g di pasta ouarka o pasta filo, 200 g di carne macinata (manzo o agnello), 2 uova, 1/2 cipolla, cannella in polvere, cumino in polvere, peperoncino in polvere, menta fresca, foglie di coriandolo, prezzemolo, olio extravergine d'oliva, sale, olio per friggere Tritare la cipolla assieme a qualche foglia di menta, di prezzemolo e di coriandolo. Mescolare il trito alla carne e aggiungervi due pizzichi di cannella, due di cumino, due di peperoncino e due prese di sale; lavorare bene la carne con un cucchiaio di legno o con le mani, per farla insaporire; quindi lasciarla riposare per un'ora in un luogo fresco. Porre la carne in un tegame con un po' d'olio e cuocerla mescolando continuamente fino a quando la sua acqua sarà evaporata; aggiungere quindi le uova sbattute, mescolare per un paio di minuti, aggiungere un cucchiaino di cannella in polvere, regolare di sale e togliere dal fuoco.Sistemare sul piano da lavoro dei rettangoli di pasta di circa 15x20 centimetri; disporre un cucchiaino d'impasto all'inizio della sfoglia (lato più corto), a 3 centimetri dal bordo, e ripiegare i due lati lunghi verso l'interno sulla farcia: si dovrebbe avere una striscia larga circa 5 centimetri. Partendo da una delle due estremità, formare un triangolo ripiegando verso il lato inferiore l'angolo superiore; proseguire avvolgendo la sfoglia su se stessa a triangolo e, alla fine, schiacciarla leggermente con il palmo della mano. Friggere i briouat in olio bollente, scolarli su carta da cucina e servirli subito.

INSALATA DI PANE Fattush 1 pane arabo, 4 pomodori, 1 cetriolo, 1 cipolla dolce, 1 mazzetto di cipollotti, 1 mazzetto di prezzemolo, 2 cucchiai di menta fresca tritata, il succo di 1 limone, 3 cucchiai di foglie di coriandolo tritate (facoltativo), 2 spicchi d'aglio schiacciati (facoltativi), 6-8 cucchiai d'olio extravergine d'oliva, sale, pepe Mondare e lavare tutte le verdure e le erbe aromatiche. Tagliare il cetriolo e i pomodori a dadini, affettare sottilmente la cipolla o i cipollotti e tritare il prezzemolo. Dividere a metà il pane arabo (pitta) e metterlo nel forno caldo o sotto il grill finché sarà croccante e dorato, quindi sminuzzarlo con le dita, mettere i pezzetti di pane in una terrina e inumidirli con un po' d'acqua fredda e condire con olio e succo di limone. Unirvi tutti gli altri ingredienti mescolare, assaggiare per regolare di sale e di pepe e servire.

PUREA DI CECI CON TAHINA Humus bi tahina per 6-8 persone: 250 g di ceci , peperoncino in polvere (e/o paprica, 2 cucchiai di tapina, 2 spicchi d'aglio , 2 cucchiai d'olio extravergine d'oliva, sale, il succo di 1 limone , 1 mazzetto di prezzemolo Mettere i ceci in ammollo la sera prima. Il giorno successivo scolarli e trasferirli in una pentola con dell'acqua in ebollizione: farli cuocere a fuoco lento per 45 minuti e scolarli. Mettere nel frullatore i ceci, la tahina, il succo del limone, gli spicchi d'aglio sbucciati, un po' d'acqua se necessaria e un pizzico di sale; frullare a bassa velocità per 30 secondi fino a ottenere un composto omogeneo e abbastanza denso. Versare l'hummus in una ciotola e decorarlo con il prezzemolo tritato, un pizzico di peperoncino (oppure di paprica) e l'olio. Servire accompagnando a piacere con pane tostato.

PUREA DI ZUCCHINE CON YOGURT Muttabal kusa 500 g di zucchine, 1 mazzetto di prezzemolo, 1 vasetto di yogurt naturale, 2 spicchi d'aglio, olio extravergine d'oliva, sale, 3 cucchiai di tapina, olio per friggere Mondare e tritare il prezzemolo. Mondare le zucchine, tagliarle a dadini e friggerle brevemente in olio bollente, fino a quando saranno tenere e leggermente dorate. Scolarle, porle ad asciugare su carta da cucina e metterle in una ciotola. Schiacciarle bene con una forchetta, aggiungere gli spicchi d'aglio tritati, la tahina, lo yogurt e un pizzico di sale; amalgamare bene il tutto. Sistemare la purea in un piatto da portata, decorarla con il prezzemolo tritato e un filo d'olio e servirla accompagnandola a piacere con fette di pane tostato. Per una versione più "leggera" (ma meno gustosa) si cuociano le zucchine a vapore.

ROTOLINI AL FORMAGGIO Rqaqat jibnehper 8-10 persone: prezzemolo, 500 g di formaggio fresco (pecorino sardo o feta), 500 g di pasta sfoglia (o pasta filo), menta essiccata, 50 g di burro Sminuzzare il formaggio, usando una forchetta, e aggiungervi un pizzico di menta essiccata e uno di prezzemolo tritato. Tagliare la pasta a rettangoli di circa 5x10 centimetri, spalmarli di formaggio e arrotolarli formando un cannellone. Spennellarla con un po' burro fuso, sistemarli in una pirofila imburrata e passarli in forno caldo, a 170 °C, per circa 20 minuti o fino a quando saranno dorati. Disporre i rqaqat ancora caldi in un piatto da portata e guarnire < piacere con menta fresca oppure ciuffetti di prezzemolo.

INSALATA MAROCCHINA 4 carote , 1 spicchio d'aglio, 4 zucchine, 1 ciuffetto di prezzemolo, 2 melanzane, semi di cumino, 1 peperone, foglie di lattuga, 100 g di olive nere, il succo di 1 limone, 100 g di piselli sgusciati, olio extravergine d'oliva, 100 g di fave sgusciate, sale Mondare e lavare tutte le verdure. Tagliare a rondelle carote e zucchine e lessarle, separatamente, in acqua bollente salata, tenendole al dente. Lessare, sempre separatamente, i piselli e le fave. Tagliare a striscioline il peperone e cuocerlo, a fuoco moderato, con un cucchiaio d'olio. Tagliare a metà le melanzane, inciderne la polpa con dei tagli a griglia e cuocerle per circa 15 minuti nel forno a 200 °C. Ricavarne poi la sola polpa, tritarla e metterla in una casseruola con 2 cucchiai d'olio, un pizzico di semi di cumino e un trito d'aglio e prezzemolo; salare e cuocere per 10 minuti a fuoco moderato. Disporre alcune foglie di lattuga in un piatto da portata e usarle come contenitori per presentare, tenendo sempre tutto separato, le verdure e i legumi lessati, la crema di melanzane e le olive. Emulsionare il succo del limone con 5-6 cucchiai d'olio, regolare di sale e aromatizzare con prezzemolo tritato e un pizzico di cumino; condire con questa salsina le verdure cotte e i legumi e servire.

COUSCOUS COUSCOUS ALLA TRIPOLINA Piatto tradizionale, anche se non originario, della cucina araba, il couscous è una pietanza che conserva il suo valore sociale, intorno al quale si riunisce una famiglia o una comunità; tutti attingono da un unico grande recipiente, sedendo in cerchio e, spesso, pregando prima di mangiare. per servirsi in genere non si utilizzano posate, ma focacce di pane non lievitato. per 6-8 persone 500 g di couscous, 700 g di spalla d'agnello, 4 merguez(salsicce di manzo e agnello), 200 g di polpa di pomodoro, 200 g di piselli sgusciati, 3 carote, 2 cipolle, 2 peperoni di colore diverso, 2 pomodori , 1 cuore di sedano, 2 spicchi d'aglio 1 cucchiaino di semi di cumino, alcune foglie di basilico , 2 dl d'acqua, zucchero, olio extravergine d'oliva, sale, pepe, 1 limone e menta fresca per guarnire Tagliare la carne a cubetti di circa 3 centimetri. Mondare e lavare tutte le verdure. Tritare grossolanamente le cipolle, il sedano e le carote e farle soffriggere con la carne in 2 cucchiai d'olio. Quando la carne è dorata, salare, pepare, aggiungere la polpa di pomodoro, un pizzico di zucchero e l'acqua; coprire e lasciare cuocere a fuoco basso per un'ora e mezza. Intanto tagliare a metà i peperoni, eliminarne i semi, tagliarli a listarelle e cuocerli in un cucchiaio d'olio insaporito con uno spicchio d'aglio. Cuocere le merguez, senza grassi aggiunti, in una padella antiaderente e poi tagliarle a pezzetti. Lessare i piselli, scolarli e farli insaporire con unpo' d'olio e lo spicchio d'aglio rimasto, oppure con un po' di cipolla tritata eventualmente tenuta da parte. Man mano che sono pronti, tenere da parte i vari ingredienti al caldo. Preparare il couscous, meglio se con la couscoussiera sopra la carne che cuoce, oppure farlo gonfiare in 250 grammi d'acqua bollente, spegnerlo e lasciarlo riposare per 5 minuti; aggiungere un cucchiaio d'olio, sgranarlo con una forchetta e insaporire con i semi di cumino e il basilico tritato. In un piatto da portata ovale sistemare in una metà il couscous e nell'altra metà la carne, quindi decorare con fettine di limone e foglie di menta. Disporre separatamente tutti gli altri ingredienti, compresi i pomodori tagliati a spicchi, in ciotoline da cui ogni commensale si servirà liberamente.

COUSCOUS DI CECI E POLLO 250 g di couscous , 250 g d'uva passa, 200 g di ceci , 1 bustina di zafferano, 600 g di carne di pollo , 2,5 l d'acqua, 600 g di cipolle bianche , 100 g di burro, sale, pepe Mettere i ceci a bagno in acqua fredda per una notte. Il giorno successivo, versare in una casseruola l'acqua, il pollo tagliato a pezzi, i ceci, 300 grammi di cipolle affettate, 50 grammi di burro e lo zafferano, salare, pepare e far cuocere per 45 minuti. Sciacquare il couscous, metterlo in un cestello per la cottura a vapore e appoggiarlo sulla casseruola, coprirlo con un telo e lasciarlo cuocere per 15 minuti. Versare il couscous in un piatto da portata e lasciarlo raffreddare. Versarvi un bicchiere d'acqua e sgranarlo con le dita, poi lasciarlo riposare per circa 30 minuti in modo che assorba tutta l'acqua. Nel frattempo aggiungere al pollo l'uva passa e le cipolle rimaste, sempre affettate, e far cuocere per altri 30 minuti. Cuocere di nuovo a vapore il couscous per 10 minuti; quindi riversarlo nel piatto da portata, unirvi il burro rimasto e sgranarlo bene con una forchetta; bagnarlo con il brodo di cottura del pollo, tanto quanto ne riuscirà ad assorbire. Al momento di servire, sistemarlo a cono e disporvi sopra la carne con i ceci.

COUSCOUS DI MONTONE per 4-6 persone 350 g di couscous, 500 g di carne di montone, 300 g di salsa di pomodoro, 200 g di ceci, 5 carote, 2 cipolle, 2 patate, 1 peperone, 1 pomodoro, 1 pizzico di peperoncino in polvere, 1,5 l d'acqua, olio extravergine d'oliva, sale, pepe Mettere i ceci a bagno in acqua fredda per una notte. Il giorno successivo lavare e mondare tutte le verdure, tritare le cipolle, tagliare le carote a rondelle, il peperone a quadratini e le patate e il pomodoro a dadini. Mettere il couscous in una ciotola capiente, unirvi mezzo bicchiere d'acqua tiepida, mezzo bicchiere d'olio, sale e pepe e sbriciolarlo a lungo con le mani. Mettere sul fuoco la couscoussiera con un po' d'olio e farvi soffriggere le cipolle e la carne tagliata a dadini; quindi salare e pepare, aggiungere la salsa e i dadini di pomodoro e un pizzico di peperoncino e lasciare insaporire; unire le carote, mescolare, lasciare cuocere per 5 minuti e infine aggiungere l'acqua. Trasferire il couscous nel ripiano superiore della couscoussiera e continuare la cottura per circa mezz'ora. Unire al sugo i ceci, il peperone e le patate, ricomporre di nuovo il recipiente di cottura lasciare cuocere per un'altra mezz'ora. Servire separatamente, in due ciotole, il couscous e il condimento.

COUSCOUS ALLA PALESTINESE 200 g di couscous, 200 g di burghul, 500 g di carne di vitello, 250 g di ceci, 250 g di melanzane, 250 g di zucca, 250 g di carote, 250 g di pomodori, 250 g di cipolle, 1 pizzico di curry, 1 pizzico di curcuma, 1 pizzico di coriandolo tritato, 1 pizzico di zafferano in polvere, 100 g di concentrato di pomodoro, 1 mazzetto di prezzemolo, 2 cucchiai d'olioextravergine d'oliva, acqua, sale, pepe Mettere i ceci in ammollo in acqua per una notte. Mondare e lavare tutte le verdure. Tagliare a pezzi le melanzane, la zucca, le carote e i pomodori e metterli, assieme ai ceci e all'acqua necessaria, nella parte inferiore di una couscoussiera. Versare in un recipiente il couscous e il burghul e lavorarli con un po' d'acqua, assieme alle spezie, un po' di sale e pepe e l'olio; sistemarli nella parte superiore della couscoussiera e cuocerli al vapore per un'ora. In una pentola far soffriggere le cipolle affettate, aggiungere 12 carne di vitello tagliata a pezzi, il prezzemolo tritato e il concentrato di pomodoro; coprire con acqua e portare a cottura, controllando che la carne rimanga tenera e regolando, alla fine, di sale e pepe. Servire il couscous in un piatto da portata, decorato con le verdure e i ceci lessati e accompagnato dalla carne, servita in ciotole a parte con il suo brodo di cottura.

COUSCOUS DI PESCE, E POLLO per 4-6 persone 350 g di couscous , 350 g di cozze , 200 g di gamberetti sgusciati , 200 g di merluzzo , 200 g di pollo, 2 uova, 80 g di burro, farina, 3,5 dl d'acqua, olio extravergine d'oliva, sale, pepe Prima di tutto preparare il pesce. Raschiare a lungo le cozze sotto l'acqua corrente, quindi farle aprire in un tegame, a fiamma vivace, senza aggiungere condimenti. Lessare i gamberetti in acqua salata, scolarli e asciugarli. Lessare il merluzzo, tagliarlo a pezzetti, passarli in un velo di farina e friggerli in abbondante olio bollente; man mano che i pezzetti di pesce sono dorati, scolarli e lasciarli asciugare su carta da cucina. In una ciotola sbattere le uova con un pizzico di sale e pepe; scaldare in una padella 20 grammi di burro, versarvi le uova e preparare una frittata sottile; farla raffreddare e tagliarla a listarelle. Tagliare a pezzetti il pollo e farlo rosolare in un tegame con 20 grammi di burro; unirvi i gamberetti e le cozze, regolare di sale e pepe e fare insaporire il tutto per alcuni minuti, mescolando. Versare il couscous in una terrina, bagnarlo con l'acqua e lasciare che l'assorba; versare 3 cucchiai d'olio e 40 grammi di burro in una casseruola, farli soffriggere e aggiungere man mano il couscous, mescolandolo e sollevandolo continuamente per una decina di minuti in modo che prenda aria e i chicchi rimangano sgranati. Unire al couscous il pollo, le cozze e i gamberetti, il merluzzo fritto e le striscioline di frittata; mescolare bene, allontanare dal fuoco e servire.

COUSCOUS DI CARNE per 4-6 persone 350 g di couscous precotto, 500 g di carne , 'agnello e di manzo, 1 cipolla, 2 pomodori, 250 g di carote, 100 g di ravanelli bianchi, 150 g di zucchine, 250 g di patate, 1 mazzetto di prezzemolo, 1 cucchiaino di zafferano in polvere, 1/2 cucchiaino di zenzero in polvere, 3 l d'acqua, burro, olio extravergine d'oliva, sale, pepe Tagliare la carne a grossi pezzi e farla marinare per un'ora con olio, sale, pepe, zafferano e zenzero. Mondare e tagliare a rondelle la cipolla e rosolarla per 5 minuti, con un po' d'olio, nella casseruola di una couscoussiera. Aggiungere la carne e rosolare il tutto per altri 5 minuti, continuando a mescolare. Versare l'acqua e portare a bollore, quindi abbassare la fiamma e continuare la cottura per mezz'ora. Mondare e lavare le carote e i ravanelli e tagliarli a grossi pezzi; mondare e lavare il prezzemolo e legarlo a mazzetto; aggiungere tutti questi ingredienti al brodo nella casseruola. Preparare il couscous precotto, seguendo le indicazioni riportate sulla confezione, e metterlo a scaldare nel cestello della couscoussiera. Aggiungere al brodo le zucchine, le patate e i pomodori lavati e tagliati a grossi pezzi, coprire con il cestello e continuare la cottura per altri 15 minuti. Sistemare in un largo piatto da portata il couscous, aggiungervi il burro e mescolare finché si sarà benamalgamato. Modellare il couscous stendendolo su tutta la superficie del piatto e formare una fossetta nel centro nella quale disporre i pezzi di carne e le verdure; bagnare con il brodo e servire.

COUSCOUS DI CERNIA 300 g di couscous , 1 pizzico di peperoncino in polvere, 500 g di filetti di cernia , 2,5 dl d'acqua, burro, 4 cucchiai di salsa di pomodoro , olio extravergine d'oliva, sale In una padella cuocere il pesce con la salsa di pomodoro, un po' d'olio e il peperoncino. Intanto, in una padella antiaderente, far bollire l'acqua e un cucchiaio di sale. Mettere in una ciotola il couscous e 3 cucchiai d'olio e amalgamarli con una forchetta. Versare il couscous nella padella con l'acqua e mescolare fino a quando l'avrà completamente assorbita. Spegnere il fuoco e lasciare riposare per almeno 2 minuti. Aggiungere una noce di burro e riprendere la cottura a fuoco lento per altri 3 minuti, mescolando. Lasciare raffreddare il couscous per circa 5 minuti, sistemarlo in un piatto da portata, versarvi sopra il pesce assieme alla salsa di pomodoro e servire.

COUSCOUS DI PESCE per 6-8 persone 600 g di couscous, 700 g di pesce misto da zuppa, 1 dl di concentrato di pomodoro, 100 g di mandorle spellate, 4 spicchi d'aglio, 2 cipolle, alloro, 1 mazzetto di prezzemolo, 1/2 cucchiaino di cannellain polvere, olio extravergine d'oliva, sale, pepe Versare il couscous in una ciotola e condirlo con olio, sale, pepe, la cannella, una cipolla tagliata a pezzi piccolissimi e metà prezzemolo tritato. Sistemarlo nella couscoussiera seguendo la ricetta base, alternando, di tanto in tanto, qualche foglia d'alloro e cuocerlo a vapore per circa un'ora e mezza. Intanto preparare la zuppa di pesce soffriggendo in abbondante olio l'altra cipolla affettata; aggiungere il concentrato di pomodoro, sale, pepe e un trito d'aglio, prezzemolo e mandorle. Far cuocere per circa 20 minuti, quindi aggiungere il pesce precedentemente pulito e far cuocere per altri 20 minuti. Versare il couscous in una capace zuppiera e condirlo con la metà del brodo e una parte del pesce, coprire e lasciarlo riposare per mezz'ora, quindi servirlo accompagnato dalla zuppa rimasta.

COUSCOUS DI VERDURE per 6-8 persone 500 g di couscous precotto, 150 g di ceci lessati, 2 cipolle, 2 zucchine, 1 fetta di zucca, 2 carote, 3 patate, 2 peperoni verdi, 2 spicchi d'aglio, 50 g di uva passa, 1,5 l d'acqua, 150 g di burro, 2 cucchiaini di semi di cumino, 1 cucchiaino di paprica, sale, pepe Mondare e lavare tutte le verdure. Far rinvenire l'uva passa in acqua tiepida. In un ampio tegame, sciogliere 70 grammi di burro e versarvi i ceci lessati e scolati, l'aglio tritato, le cipolle affettate sottili, le carote e la zucca a dadini, le zucchine a rondelle, i peperoni a listarelle e le patate a tocchetti. Coprire con l'acqua bollente e fare cuocere, a tegame coperto per un'ora. Al termine della cottura, aggiungere l'uva passa, le spezie, il sale e un cucchiaino di pepe. Cuocere il couscous precotto seguendo le indicazioni riportate sulla confezione; versarlo in un piatto da portata, condirlo con il resto del burro e servirlo con le verdure disposte al centro.

COUSCOUS DI CERNIA E VERDURE 300 g di couscous precotto, 500 g di filetti o tranci di cernia, 1 cipolla bianca, 1 peperoncino verde piccante fresco, 2 zucchine, 2 carote, 2 patate, 1 cucchiaio di concentrato di pomodoro, 1 cucchiaino di paprica dolce, 1 cucchiaio d'olio extravergine d'oliva, acqua, sale, pepe Sbucciare la cipolla, tagliarla a spicchi e farla appassire in una cas- seruola con l'olio, la paprica e il concentrato di pomodoro; aggiungere un mestolino d'acqua, coprire e cuocere a fiamma dolce per 5 minuti.Lavare il pesce, asciugarlo, salarlo leggermente e metterlo in una casseruola. Lavare il peperoncino verde, tagliarlo a metà, eliminarne i semi e versarlo nella casseruola con il pesce; aggiungere un mestolo d'acqua, regolare di sale e pepe, coprire e cuocere a fiamma media. Mondare le zucchine e le carote, sbucciare le patate e tagliare tutte le verdure a pezzetti; lessarle in acqua salata, o cuocerle a vapore; aggiungerle al pesce e lasciarle insaporire mescolandole al fondo di cottura. Cuocere il couscous precotto seguendo le indicazioni riportate sulla confezione. Quando è pronto, trasferirlo in un piatto da portata e disporvi al centro il pesce e le verdure; irrorarlo con il fondo di cottura e servire.

INSALATA DI BURGHUL Tabuleh 300 g di burghul fine, 6 pomodori maturi, 1 cetriolo, 1 cipolla, 1 mazzetto di prezzemolo, 6 foglie di menta fresca, il succo di 1 limone, 1/2 l d'acqua, 4 cucchiai d'olio extravergine d'oliva, sale, pepe Mondare e lavare tutte le verdure. Coprire il burghul con l'acqua bollente e lasciarlo gonfiare per mezz'ora. Nel frattempo tagliare i pomodori e il cetriolo a cubetti, la cipolla a fette sottili e tritare il prezzemolo. Quando il burghul è gonfio, versarlo in un colino e premere sulla superficie con la mano per eliminare quanta più acqua possibile. Metterlo in un piatto profondo, aggiungere i pomodori, il cetriolo, la cipolla, il prezzemolo e la menta, il succo del limone, l'olio, sale e pepe. Mescolare bene e lasciare al fresco in frigorifero per almeno un'ora prima di servire.

TAGINA DI CARNE MISTA per 4-6 persone 250 g di couscous precotto, 1/2 pollo, 300 g di carne di montone, 300 g di carne di manzo, 150 g di ceci, 60 g di fave fresche, 2 cipolle, 2 carote, 2 zucchine, 2 carciofi, 3 ravanelli, 1 pomodoro, 1 costa di sedano, 1 mazzetto di prezzemolo, 1 chiodo di garofano, 1 pizzico di noce moscata grattugiata, 1 pizzico di cannella in polvere, brodo, burro, olio extravergine d'oliva, sale, pepe Mondare e lavare tutte le verdure. Tagliare il pollo in quattro parti, la carne a pezzi, una cipolla a spicchi sottili e le carote a rondelle; far rosolare il tutto in un ampio tegame con un po' d'olio e di burro. Quando gli spicchi di cipolla saranno trasparenti, cospargere di pepe, bagnare il tutto con del brodo e far cuocere per 15 minuti. Aggiungere il pomodoro tagliato a pezzetti, il chiodo di garofano, la noce moscata, la cannella, il sedano e il prezzemolo tritati e far cuocere per tre quarti d'ora. Nel frattempo lessare separatamente in acqua salata le fave, i ravanelli e i ceci; scolarli quando sono ancora al dente. Lessare al dente anche le zucchine e i carciofi; tagliare le zucchine a rondelle e i carciofi a spicchi sottili e rosolarli in un po' di burro. Unire tutti questi ingredienti alla carne 10 minuti prima di toglierla dal fuoco; insaporire con sale. Preparare il couscous precotto seguendo le indicazioni riportate sulla confezione. Al momento di servire sistemare il couscous in un piatto da portata, bagnarlo con il sugo della carne e coprirlo con le verdure, i legumi e la carne.

TORTINO DI BURGHUL E CARNE MACINATA 350 g di burghul , 300 g di carne di montone (o di manzo), 1 cipolla, 1 uovo , noce moscata , acqua, burro, olio extravergine d'oliva, sale, pepe Preparare il burghul coprendolo d'acqua bollente e lasciandolo rinvenire per un'ora e mezza. Sgocciolarlo lasciandolo abbastanza umido. Mondare e tritare la cipolla e rosolarne tre quarti assieme a 50 grammi di carne macinata in un po' d'olio; insaporire con sale, pepe e noce moscata e lasciare raffreddare. Unire al burghul la rimanente cipolla tritata, il resto della carne macinata, l'uovo sbattuto, regolare di sale emescolare con cura. Ungere di burro una pirofila da forno e disporvi metà dell'impasto, livellarlo in modo che lo spessore risulti uniforme; distribuirvi sopra la carne rosolata e coprire con il rimanente impasto, premendo bene. Distribuire sulla superficie dei fiocchetti di burro e, con un coltello, inciderla a losanghe; cuocere in forno già caldo a 170 °C fino a quando la superficie sarà ben dorata. Questo tortino è ottimo sia caldo sia tiepido, o anche servito freddo il giorno successivo.

ZUPPE E MINESTRE In questo capitolo troverete varie ricette di zuppe, piatto quasi sempre presente in un pranzo arabo; e ricette per preparazioni più sostanziose, come lo "sformato alla palestinese" o il "timballo di riso" che possono rappresentare dei piatti unici. anche in queste ricette, come in tutte le altre del libro, la carne di montone può essere sostituita con carne di manzo o di pollo.

RISO PILAF ALLA SIRIANA 6 tazzine di riso, 9 tazzine d'acqua (o brodo) , 250 g di carne tritata (di montone o vitellone), 1 cipolla, 20 g di mandorle sgusciate, noce moscata, 100 g di burro, parmigiano grattugiato, sale, pepe. Sciogliere 50 grammi di burro in una casseruola e farvi appassire la cipolla tagliata a spicchi sottili; aggiungervi la carne tritata e insaporire con una grattugiata di noce moscata e poco sale e pepe. Far rosolare la carne a fiamma vivace, quindi allontanare dal fuoco. Mettere in una casseruola il riso e l'acqua (o, meglio, di brodo), e aggiungervi il burro rimasto, una manciata di parmigiano e un po' di sale; unire anche la carne, con il suo fondo di cottura, e le mandorle sbucciate e tagliate in quattro parti. Far alzare il bollore, mescolare, quindi abbassare il fuoco e portare il riso a cottura aggiungendo, nel caso il composto tendesse ad asciugarsi troppo, un po' d'acqua o di brodo.

CREMA DI PATATE 1 kg di patate, 1 cipolla , 2 l d'acqua , 1 tazza di latte, 1 ciuffetto di prezzemolo , il succo di 1 limone, 20 g di burro, sale, pepe, 60 g di vermicelli per accompagnare Mettere in una pentola capiente la cipolla, sbucciata e tagliata a pezzetti, e le patate, sbucciate e lavate, con l'acqua, il burro, un cucchiaino di sale e una macinata di pepe. Far cuocere per 20 minuti e poi passare il tutto in un frullatore. Rimettere sul fuoco, far riprendere il bollore e versarvi i vermicelli spezzettati. Cuocere ancora per 15 minuti, aggiungere il latte caldo e servire la minestra cosparsa di prezzemolo tritato e irrorata con il succo di limone.

CREMA DI ZUCCA 1,5 kg di zucca , 2 tazze di brodo di pollo, 2 tazze di latte , zucchero, pepe, harissa per accompagnare Pulire la zucca, privandola della scorza, dei semi e della parte fila- mentosa, quindi tagliarla a pezzi. Versare in una pentola capiente il brodo e il latte e cuocervi la zucca per 15-20 minuti. Frullare il tutto e aggiungere un po' di pepe e di zucchero; insaporire, a piacere, la zuppa con l' harissa o servirla a parte in una salsiera.

MINESTRA DI RISO CON GNOCCHETTI DI POLLO 1 pollo, 3 uova , 200 g di riso , 1 cipolla piccola , 1 ciuffo di prezzemolo , 1,5 l d'acqua , 30 g di burro, il succo di 1 limone, sale, pepe Pulire e lavare il pollo, separare il petto dal resto e metterlo da parte. Sciogliere il burro in una pentola e farvi rosolare la cipolla tritata finemente; quando sarà dorata, aggiungere il pollo, versarvi sopra un litro e mezzo d'acqua, portare a ebollizione e continuare la cottura, a fuoco moderato, fino a che la carne non risulti tenera. Intanto prepararedelle polpettine grandi come una noce mescolando il petto di pollo macinato con un tuorlo d'uovo; salare e pepare quanto basta. Quando il pollo è cotto, scolarlo dal brodo e conservarlo per consumarlo in altre preparazioni. Versare nel brodo in ebollizione le polpette e, pochi minuti dopo, il riso; quindi portare a cottura. Intanto lavare e tritare il prezzemolo, aggiungerlo alle rimanenti uova sbattute e al succo di limone filtrato e unire il tutto alla minestra di riso, mescolando accuratamente, poco prima che la cottura sia ultimata. Servire questa minestra calda.

MINESTRA DI FAGIOLI 300 g di fagioli bianchi secchi, 4 spicchi d'aglio, 3 uova , 1 cucchiaino di cumino in polvere , 1 cucchiaino di paprica dolce, 1 cucchiaino di zafferano in polvere, acqua, 1/2 bicchiere d'olio extravergine d'oliva, sale Tenere i fagioli a bagno per 12 ore circa; quindi lessarli in abbondante acqua, facendo in modo che a fine cottura rimangano appena coperti d'acqua. In un tegame imbiondire l'aglio tritato nell'olio; unire il cumino, la paprica e lo zafferano; far cuocere, mescolando, a fuoco basso per circa 2 minuti, poi aggiungere i fagioli e la loro acqua di cottura. Scaldare qualche minuto, poi incorporare le uova, regolare di sale e far addensare. Servire la minestra calda.

INSALATA CALDA DI LENTICCHIE E RISO 300 g di lenticchie scure, 300 g di riso basmati, 3 spicchi d'aglio, 3 cipolle, 2 cipollotti, 2 cucchiaini di cannella in polvere, 2 cucchiaini di paprica, 2 cucchiaini di coriandolo in polvere, 2 cucchiaini di cumino in polvere, 2 dl d'olio extravergine d'oliva, 50 g di burro, sale, pepe Mondare e lavare le verdure, tritarle, tenendo i cipollotti separati. Cuocere separatamente in acqua salata le lenticchie e il riso; scolare il riso quando i grani sono ancora bene al dente. Lasciare appassire, a fuoco lento, le cipolle e l'aglio con l'olio e il burro per 30 minuti. Incorporarvi la cannella, la paprica, il coriandolo e il cumino e far cuocere ancora per qualche minuto. Versare il riso e le lenticchie, ben scolati, in un piatto da portata, condirli con il composto a base di cipolle e spezie; mescolarvi i cipollotti e insaporire con pepe macinato al momento. Servire questo piatto ben caldo.

ZUPPA DI LENTICCHIE 70 g di lenticchie rosse , 1 stinco di vitello (con l'osso), 2 cipolle rosse , 1 patata , 2 carote , 1 mazzetto di coriandolo, il succo di 1 limone, 1 l d'acqua , 1 dl d'olio extravergine d'oliva, sale, pepe Coprire le lenticchie d'acqua bollente e lasciarle in ammollo per circa 15 minuti. Mondare e lavare le verdure; tritare le cipolle e tagliare la patata e le carote a dadini. Tagliare lo stinco a pezzi. In una pentola dal fondo pesante, rosolare il vitello con le cipolle e un pizzico di pepe nell'olio; quando la carne è dorata, aggiungere l'acqua e, a fuoco lento, portare a ebollizione; unire le lenticchie scolate e lasciare cuocere per un'ora, o fino a quando la carne e le lenticchie saranno tenere. Unire la patata e le carote e continuare la cottura finché anche le verdure saranno tenere, aggiungendo altra acqua se necessario. Togliere la carne dalla pentola, eliminare le ossa e sminuzzare la polpa. Frullare la zuppa fino a ridurla a una crema densa. Poco prima di servire aggiungere alla zuppa il coriandolo tritato, il vitello sminuzzato e un po' di succo di limone, aggiustare di sale e di pepe e servire accompagnando a piacere con crostini di pane.

ZUPPA D'AGNELLO E LEGUMI Harira 75 g di riso, 300 g di agnello, 100 g di ceci, 100 g di lenticchie, 3 pomodori, 1 cipolla, 3 cucchiai di prezzemolo tritato, 1 cucchiaio dipaprica dolce, 1 cucchiaio di foglie di coriandolo tritate, 1/2 cucchiaio di lievito in scaglie, 1/2 cucchiaino di cannella in polvere, 1/2 cucchiaino di zenzero in polvere, 1/2 cucchiaino di pistilli di zafferano, c. 1,6 l d'acqua, 3 cucchiai di burro, sale, pepe Lavare le lenticchie e i ceci e metterli a bagno per una notte. Il giorno successivo preparare il brodo mettendo in una larga casseruola la carne, tagliata a dadini di circa un centimetro, i ceci, le lenticchie, le spezie, un litro d'acqua e la cipolla affettata; regolare di sale e pepe. Portare a bollore, schiumare la superficie e aggiungere metà del burro; abbassare la fiamma e far cuocere la zuppa, a pentola coperta, per poco meno di 2 ore, aggiungendo di tanto in tanto un po' d'acqua se necessario. Far bollire 6 decilitri d'acqua in una pentola, versarvi il riso e il burro rimanente e salare. Cuocere il riso finché risulta tenero ma non scotto; scolarlo, tenendo da parte l'acqua di cottura, e aggiungerlo alla zuppa. In una piccola casseruola, sciogliere il lievito in un po' di liquido di cottura del riso, aggiungere il coriandolo, il prezzemolo e i pomodori, mondati e tagliati a pezzi e far cuocere, mescolando di tanto in tanto, per 15 minuti. Unire questa salsa alla zuppa, aggiustare di sale e servire immediatamente.

SFORMATO DI CARNE E RISO ALLA PALESTINESE 350 g di riso, 450 g di carne d'agnello, 300 g di pomodori, 1 cavolfiore di medie dimensioni, 1 melanzana di tipo lungo, 2 cipolle, acqua, 1 cucchiaino di cannella in polvere, olio extravergine d'oliva, sale, pepe Mondare e lavare tutte le verdure. Affettare la melanzana e lasciare spurgare le fette per un'ora dopo averle cosparse di sale. Tagliare la carne a cubetti. In una larga padella, che possa poi contenere tutti gli ingredienti, far imbiondire le cipolle tritate con 4 cucchiai d'olio. Unire la carne alla cipolla e farla rosolare, mescolando con un cucchiaio di legno; coprire a filo con dell'acqua, unire sale, pepe e la cannella e continuare la cottura, a fuoco moderato, per poco meno di un'ora o, comunque, sino a quando la carne risulti tenera. Nel frattempo dividere il cavolfiore a cimette e tagliare in quattro spicchi i pomodori. Soffriggere, separatamente, tutte le verdure nell'olio, insaporirle con sale e pepe e disporle a strati, iniziando dal cavolfiore, sopra la carne che si sarà nel frattempo cotta. Aggiungere il riso e l'acqua sufficiente per coprire il tutto a filo, portare a ebollizione e continuare la cottura, a fiamma moderatissima e a pentola coperta, per circa mezz'ora o fino a quando il riso sarà cotto e il liquido del tutto assorbito. Servire rovesciando con attenzione la padella in un piatto da portata adatto e facendo in modo che il contenuto scivoli fuori senza che gli strati si alterino.

TIMBALLO DI RISO E CARNE 350 g di riso, 250 g di carne d'agnello a pezzi, 200 g di carne d'agnello macinata, 1 kg di cavolfiore, 2 cipolle, 3 dl di yogurt naturale, 8 prugne (o susine), 1 cucchiaino di noce moscata grattugiata, acqua, olio extravergine d'oliva,l sale, pepe In una padella, far imbiondire le cipolle tritate con 4 cucchiai d'olio. Unire i due tipi di carne e farla rosolare, mescolando con un cucchiaio di legno; coprire con acqua, unire sale, pepe e la noce moscata e continuare la cottura, a fuoco moderato, per poco meno di un'ora o, comunque, sino a quando la carne risulti tenera. Nel frattempo lavare il riso e tenerlo percirca 30 minuti a bagno nell'acqua. Dividere il cavolfiore a cimette e farlo dorare in olio caldo, scolarlo e metterlo ad asciugare su carta da cucina. Quando la carne sarà cotta, prelevarne il brodo filtrandolo in una pentola, aggiungervi lo yogurt e un po' d'acqua e lasciare bollire a fuoco medio per 15 minuti. Far saltare le prugne, o le susine, snocciolate e tagliate in quarti, con un po' d'olio e aggiungerle alla zuppa di yogurt; continuare a far bollire il composto fino a ottenere una crema liquida. Scolare il riso e condirlo con un filo d'olio e un pizzico di sale. Distribuire olio d'oliva sul fondo e sulle pareti di un largo tegame che possa contenere tutti gli ingredienti ed essere poi portato in tavola; sistemarvi uno strato di cavolo, uno di carne e infine il riso, aggiungere l'acqua sufficiente per coprire il tutto a filo, portare a ebollizione e continuare la cottura, a fiamma moderatissima e a pentola coperta, per circa mezz'ora o fino a quando il riso sarà cotto e il liquido del tutto assorbito. A cottura ultimata, versare sulla superficie del timballo la crema di yogurt e servire.

ZUPPA DI FAVE Ful mudammas 500 g di fave secche, 1 cipolla, 3 spicchi d'aglio, 1 mazzetto di prezzemolo, il succo di 1 limone, 2-3 uova, peperoncino in polvere, cumino in polvere, paprica dolce, acqua, olio extravergine d'oliva, sale Mettere le fave in ammollo in acqua per una notte. Il giorno successivo, sgocciolarle e farle bollire per 2 ore circa, in un pentola con abbondante acqua e un pizzico di sale, mescolandole molto spesso. Mondare e tritare la cipolla, l'aglio e il prezzemolo. Eliminare buona parte dell'acqua di cottura delle fave, versare i legumi in una zuppiera e condirli con il succo del limone, le verdure tritate, l'olio ed, eventualmente, un po' di sale; mescolare e lasciare insaporire per alcuni minuti. Servire la zuppa, ancora calda, nei piatti fondi accompagnata, a parte, dal peperoncino, il cumino, la paprica e le uova sode e tagliate a spicchi, in modo che ogni commensale possa condirla a piacere.

ZUPPA DI PESCE ALLA ALGERINA 1,5 kg di pesce misto da zuppa, 500 g di pane raffermo, 7 spicchi d'aglio, 1 cipolla, 1 patata, 2 pomodori, 1 costa di sedano, 1 bustina di zafferano, 1 cucchiaio di paprica dolce, 2 cucchiai di concentrato di pomodoro, 1 foglia d'alloro, 1 rametto di timo, 80 g di groviera grattugiato, 3 cucchiai d'olio extravergine d'oliva d'oliva, sale, pepe. per la salsa : 1 patata piccola, 1 cucchiaio di maionese, 1 cucchiaino di harissa, la mollica di 1/2 panino, 1 cucchiaio d'olio extravergine Pulire, squamare, lavare e tagliare i pesci a pezzi. Sistemarli in una capace casseruola e aggiungervi la cipolla tagliata ad anelli, 6 spicchi d'aglio, i pomodori a dadini e la patata sbucciata e tagliata a pezzetti. Unire anche sale, pepe, lo zafferano, la paprica, il concentrato di pomodoro, l'alloro, il timo, il sedano e l'olio; cuocere il tutto a fuoco lento per circa mezz'ora. Trascorso questo tempo, eliminare dal pesce eventuali lische e passarlo con il suo sugo di cottura al passaverdure; rimettere sul fuoco, aggiustare di sale e di pepe, se necessario aggiungere anche un po' d'acqua e proseguire la cottura per altri 20 minuti. Tagliare a fette il pane e abbrustolirle in forno da ambedue le parti, quindi strofinarle con lo spicchio d'aglio rimasto. Preparare la salsa: lessare la patata con la buccia, poi pelarla e ridurla a una poltiglia; aggiungere la maionese, l'harissa, la mollica di pane, precedentemente ammollata in acqua e strizzata e l'olio, amalgamare bene il tutto. Servire la zuppa di pesce accompagnandola con il pane all'aglio, la salsa e il groviera grattugiato.

CARNEFRICASSEA DI POLLO (Mekechtèr) 1 pollo di c. 1,2-1,5 kg, 250 g di ceci, 1 cipolla, 2 cucchiai di prezzemolo tritato, brodo, burro, acqua, bicarbonato, olio extravergine d'oliva, sale, pepe Lasciare i ceci a bagno in acqua e bicarbonato per una notte. Il giorno successivo cuocerli in abbondante acqua bollente salata per 20 minuti; scolarli e tenerli da parte. Mondare la cipolla, tritarla e farla rosolare in olio e burro, a fuoco moderato; aggiungervi i ceci e lasciarli insaporire per 10 minuti. Tagliare il pollo a pezzi e rosolarlo a parte, rigirandolo spesso affinché risulti uniformemente dorato. Versare nella casseruola con il pollo i ceci e la cipolla rosolati e il prezzemolo tritato; regolare di sale e pepe, aggiungere del brodo poco alla volta, e portare il tutto a cottura.

POLLO CON OLIVE per 4-6 persone : 1 pollo di c. 1,2-1,5 kg, 250 g di olive verdi snocciolate, 1/2 cipolla, 1 limone sottosale, 1 mazzetto di prezzemolo, 1 mazzetto di coriandolo fresco, 1 cucchiaio di cumino in polvere, 1 pizzico di zafferano in polvere, 4 cucchiai d'olio extravergine d'oliva, acqua, sale, pepe Lavare e tritare finemente prezzemolo, coriandolo e cipolla; versarli in una terrina e mescolarli a mezzo cucchiaino di pepe e mezzo di sale, alla scorza del limone tagliata a listarelle e all'olio. Con questi ingredienti condire il pollo massaggiandolo per far penetrare bene i sapori e lasciarlo riposare al fresco per circa 2 ore. In una casseruola portare lentamente a ebollizione le olive coperte d'acqua fredda; spegnere e scolarle. Adagiare il pollo e la sua marinata in una tagina, aggiungere una tazza d'acqua, il cumino e lo zafferano e cuocerlo per 30 minuti. Aggiungere le olive e portare a termine la cottura. Servire il pollo ben caldo con la sua salsa.

POLLO MARINATO 4 petti di pollo, 3 cucchiai di succo di lime (o di limone), 1/2 cucchiaino di curcuma, 1 cucchiaino di cumino in polvere, 1 cucchiaino di coriandolo in polvere, 1 cucchiaio di menta fresca tritata, 2 cucchiai d'olio extravergine d'oliva Tagliare i petti di pollo a listarelle larghe circa 2 centimetri e metterli in un recipiente; bagnarli con il succo di lime, insaporirli con tutte le spezie e farli marinare in frigorifero, coperti, per almeno 7-8 ore, mescolando di tanto in tanto. Al momento di servire scaldare in un tegame 2 cucchiai d'olio e rosolarvi i pezzi di pollo sgocciolati; quando la carne sarà cotta, versare nel tegame la marinata e scaldare brevemente. Servire questa preparazione appena pronta.

POLPETTE ALLO SPIEDO 600 g di carne tritata di montone (oppure vitellone o misto), 1 fetta di pane raffermo, 2 uova, 1 cipolla, origano, olio extravergine d'oliva, sale, pepe (o paprica) Mettere a bagno in acqua la fetta di pane. Se si sceglie di utilizzare due diverse qualità di carne, macinarle, mescolarle bene e passarle ancora una volta al tritacarne. Unirvi il pane ben strizzato e amalgamare con cura i due ingredienti; aggiungere le uova, un pizzico di pepe (o la paprica), un po' di sale e la cipolla tritata quasi a poltiglia; impastare ancora finché i vari ingredienti saranno perfettamente amalgamati. Suddividere il composto in tante polpettine allungate e infilzarle negli spiedini, abbondantemente unti d'olio in modo da evitare che si attacchino. Mettere gli spiedini sul barbecue, a una certa distanza dal fuoco, e cuocerli rigirandoli lentamente per 5 minuti, o finché le polpettine saranno rosolate uniformemente. Cospargere i kebab d'origano e servirli. E possibile cucinare le polpettineanche su una piastra molto unta oppure nel forno a calore moderato, ma il metodo classico e migliore è quello di cucinarle sulla brace.

POLLO CON POMODORI E LIMONI per 4-6 persone : 1 pollo di c. 1,2-1,5 kg, 3 pomodori, 2 limoni sottosale, 1 cipolla, 2 spicchi d'aglio, 3 cucchiai di uva passa, 1/2 cucchiaino di paprica dolce, 1 pizzico di zafferano in polvere, 1 pizzico di cumino in polvere, 1 pizzico di peperoncino in polvere, 2 mestoli di brodo di pollo, 3 cucchiai d'acqua, 6 cucchiai d'olio extravergine d'oliva, sale, pepe Mondare e tritare la cipolla e l'aglio; versarli in una ciotola e unirvi tutte le spezie, mezzo cucchiaino di sale e mezzo di pepe, aggiungere l'acqua e mescolare con cura.Tagliare il pollo a pezzi, metterlo nella ciotola della marinata, rigirandolo in modo che si insaporisca bene, e lasciarlo immerso per circa 2 ore. Scaldare l'olio in una casseruola e farvi dorare i pezzi di pollo con la loro marinata; aggiungere i limoni tagliati a fette e i pomodori tagliati a spicchi, bagnare con il brodo e cuocere a fuoco dolce per un'ora.Trasferire la carne in una tagina, coprirla con le fette di limone e i pomodori e tenerla al caldo in forno. Aggiungere l'uva passa precedentemente fatta rinvenire in acqua tiepida al fondo di cottura, metterlo sul fuoco e farlo ridurre della metà. Versare la salsa calda sopra la carne e servire.

POLPETTE AL SUGO DI POMODORO Kofta 600 g di carne magra tritata, (manzo, agnello o mista), 3 cipolle, 2 pomodori, 1 mazzetto di prezzemolo (e/o coriandolo fresco), 1/2 cucchiaino di semi di cumino, 1/2 cucchiaino di paprica dolce, 3 spicchi d'aglio, 1 scatola di pomodori pelati, 1 cucchiaio di concentrato di pomodoro, 1/2 bicchiere d'olio extravergine d'oliva, sale, pepe Mondare e tritare una cipolla e prezzemolo (oppure il coriandolo) e amalgamarli con la carne, tenendo da parte un po' di erbe aromatiche per il sugo; aggiungere parte dei semi di cumino, la paprica, regolare di sale e pepe e mescolare con cura. Mondare e tagliare le altre 2 cipolle e l'aglio a fettine sottilissime e farli soffriggere nell'olio. Aggiungere i pomodori pelati e quelli freschi tagliati a pezzi, insaporire con i semi di cumino rimasti, pepe, prezzemolo tenuto da parte, sale e il concentrato di pomodoro. Mescolare bene e lasciare cuocere a fuoco lento finché la salsa si sarà un po' ristretta. Nel frattempo preparare delle piccole palline con la carne tritata e aggiungerle alla salsa; cuocerle per circa 15 minuti e assaggiare per controllarne la cottura.

TORTINO DI CARNE DI PICCIONE (Bastela) 16 fogli di pasta ouarka, 4 piccioni, 700 g di cipolle, 100 g di zucchero, 6 uova, 1 tazza di foglie di prezzemolo, cannella in polvere, 1/2 cucchiaino di zafferano in polvere, 150 g di mandorle spellate, zucchero a velo, acqua, olio extravergine d'oliva, sale, pepe Pulire e lavare i piccioni, metterli interi in una pentola dai bordi alti, salarli e aggiungere 3 cucchiai d'olio, il prezzemolo e le cipolle mondati e tritati, mezzo cucchiaino di pepe e mezzo di cannella, lo zafferano e mezzo cucchiaio di zucchero. Far cuocere a fuoco vivace, aggiungendo qualche cucchiaio d'acqua durante la cottura. Togliere i piccioni dalla pentola e tenerli da parte. Rimettere il fondo di cottura sul fuoco per far evaporare completamente il liquido rimasto; a questo punto aggiungere 4 uova sbattute, versandole a poco a poco e mescolando continuamente. Togliere dal fuoco appena si sono rapprese; disossare i piccioni. Friggere le mandorle in mezza tazza d'olio fino a quando cominciano a prendere colore; tritarle in un mixer e mescolarle con lo zucchero rimasto. Aggiungere al condimento dei piccioni 3 cucchiai dell'olio di frittura delle mandorle e tenere da parte il rimanente. Oliare una teglia rotonda dimetallo dai bordi bassi e di 30 centimetri di diametro. Disporvi un primo strato di fogli di pasta ouarka con il lato brillante rivolto verso il basso e facendo in modo che i bordi ricadano all'esterno; aggiungere un secondo strato e stendere sulla superficie il condimento dei piccioni. Ricopri-re il tutto con altri due strati di pasta, senza farla uscire dal bordo, e disporvi sopra la carne di piccione; coprirla con altri due strati di pasta e cospargere la superficie con le mandorle pestate e zuccherate. Ripiegare la parte di pasta debordante verso il centro della teglia incollandola con i 2 tuorli d'uovo leggermente sbattuti; sovrapporre altri due dischi di pasta, con il lato brillante rivolto verso l'alto e con i bordi ricadenti al di fuori della teglia, quindi ripiegare i bordi verso l'interno sotto la bastela, come per rifare un letto. Spennellare la superficie con i tuorli sbattuti e ungerla con l'olio di frittura delle mandorle. Cuocere la bastela in forno a 180 °C per circa 20 minuti o fino a quando non prenderà un colore dorato.

Circa 15 minuti prima di servire rovesciare la bastela in un'altra teglia, ungere nuovamente la superficie, spennellarla con i tuorli e rimetterla in forno per far dorare l'altro lato. Spolverare la bastela con lo zucchero a velo e decorarne la superficie con righe di cannella in polvere.

SPALLA D'AGNELLO CANDITA 800 g di spalla d'agnello disossata e arrotolata, 1 bustina di tè nero, 40 g di uva passa, 40 g di mandorle spellate, 1 cipolla, 1/2 cucchiaino di zenzero in polvere, 1/2 cucchiaino di cannella in polvere, 1/2 cucchiaino di zafferano in polvere, 1 bicchiere d'acqua, 1 cucchiaio d'olio extravergine d'oliva, sale, pepe Preparare il tè, lasciarlo intiepidire e mettervi a bagno l'uva passa. Mondare la cipolla e tagliarla a fettine sottili. In una pentola di coccio o in una tagina, far rosolare la carne nell'olio d'oliva. Quando sarà uniformemente dorata, disporvi intorno le fettine di cipolla, versare l'acqua, salare, pepare e condire con tutte le altre spezie. Coprire parzialmente la pentola e far cuocere a fuoco lento per un'ora e un quarto. Poco prima del termine della cottura, aggiungere l'uva passa strizzata e far rapprendere la salsa per renderla densa. Intanto far arro- stire le mandorle in forno a temperatura bassa, senza grassi ag- giunti e girandole spesso in modo che non si brucino e si tostino in maniera omogenea. Sistemare la carne in un piatto da portata, versarvi sopra la salsa, cospargere con le mandorle tostate e servirla calda.

TORT A DI CARNE ,VER D U R E E F R U T T A S E C C A (Ta dj i n H elo u) per 6 persone : 16 fogli di pasta ouarka o pasta filo, 500 g di carne di montone, 400 g di carne di vitellone, 1 cipolla, 70 g di pinoli, 30 c d'uva passa, 5-6 prugne secche, 150 c di gherigli di noce, acqua, burro, olio extravergine d'oliva, sale, pepe Aggiunte per la versione estiva : 3 melanzane, 2 peperoni, 6 zucchine. Aggiunte per la versione invernale : 1 mela cotogna, 12 porri, 8 carote, 4 barbabietole, acqua, zucchero Per la parte di ricetta comune alle due versioni mondare e lavare tutte le verdure. Macinare insieme le due qualità di carne, insaporire con sale e pepe e mettere l'impasto a rosolare in un po' d'olio e burro; allontanare dal fuoco. Far appassire, a parte, la cipolla tritata e unirla alla carne. Sbollentare, separatamente, l'uva passa e le prugne tagliate a pezzetti in acqua leggermente salata. Rosolare in un po' di burro i pinoli. Foderare una teglia da forno, abbondantemente unta, con i fogli di pasta necessari. Per la versione estiva tagliare le melanzane a dadini e le zucchine a rondelle, salarle leggermente e friggerle lasciandolemorbide e chiare; farle scolare su carta da cucina. Arrostire i peperoni, spellarli, tagliarli a listarelle e aggiungerli all'impasto di carne. Sistemare nella teglia uno strato di melanzane e di zucchine fritte e uno di prugne, uva passa, noci tritate e pinoli; versarvi sopra la carne e coprire con un altro strato di melanzane e zucchine. Cospargere con numerosi pezzettini di burro e coprire il tutto con altri fogli di pasta. Distribuirvi sopra altri fiocchetti di burro e mettere la preparazione in forno a calore moderato per 10-15 minuti. Per la versione invernale cuocere la mela cotogna in poca acqua zuccherata e tagliarla a dadini. Far bollire i porri e le carote; cuocere le barbabietole nel forno. Quando i porri saranno ben scolati tagliarli a listarelle; tagliare le carote a rondelle e le barbabietole a fettine. Soffriggere leggermente nel burro i porri, le carote, la mela cotogna, le barbabietole e i pinoli. Terminare la preparazione seguendo le indicazioni date per la versione estiva.

CARNE DI M O N T ONE CON PATATE ALLA SIRIANA (Dobbo) 600 g di polpa di montone (o di vitellone), 250 g di patate, 2 cipolle, 2 spicchi d'aglio, prezzemolo, acqua, 1 cucchiaio d'aceto, burro, olio extravergine d'oliva, sale, pepe Tagliare la carne a pezzi piuttosto grossi e farli rosolare in un tegame con un po' di burro. in un altro tegame far imbiondire in olio e burro le cipolle, mondate e affettate; aggiungere gli spicchi d'aglio interi, farli soffriggere e poi toglierli. Sbucciare le patate, tagliarle a tocchetti e rosolarle assieme alle cipolle. aggiungere il tutto alla carne e lasciare insaporire per alcuni minuti. unire quindi un cucchiaio d'aceto, l'acqua necessaria, sale, pepe e prezzemolo tritato. Far cuocere inizialmente a fuoco allegro e poi portare a termine la cottura a fuoco moderato, aggiungendo acqua nel caso il composto tendesse ad attaccarsi al fondo della casseruola. servire questa preparazione calda.

POLPETTE DI CARNE (Sferia) 600 g di polpa di montone (o di vitellone), 50 g di formaggio piccante grattugiato (kasèr o provolone), 1 cipolla, alcuni rametti di cumino fresco, 1 uovo, pangrattato, burro, olio extravergine d'oliva, sale, pepe Tritare insieme la carne, la cipolla e il cumino e grattugiare il formaggio. Impastare bene il tutto, regolare di sale e pepe e confezionare delle polpette piuttosto piccole; quindi passarle prima nell'uovo sbattuto e poi nel pangrattato. In un ampio tegame, scaldare burro e olio e rosolare le polpette fino a quando saranno uniformemente dorate; scolarle dal grasso di cottura, farle asciugare su carta da cucina e servirle caldissime.

TAGINA DI CARNE E MELE COTOGNE 800 g di carne da stufato di agnello (o vitello), 750 g di mele cotogne, 3 cucchiai di miele, 1 cipolla, 1 bustina di zafferano in polvere, 1 cucchiaino di cannella, 1 pezzetto di cannella in stecca in polvere, acqua, 2 cucchiai d'olio extravergine d'oliva, sale, pepe Tagliare la carne a pezzi da circa 100 grammi l'uno e metterli in una casseruola; insaporirli con il sale, mezzo cucchiaino di pepe, la stecca di cannella, lo zafferano e la cipolla tritata, coprire d'acqua e portare a ebollizione. Far cuocere, a pentola semicoperta e a fuoco basso, finché la carne è tenera, schiumando ogni tanto e aggiungendo, se necessario, altra acqua calda. Nel frattempo lavare le mele cotogne, tagliarle a pezzi ed eliminarne il torsolo. Poco prima che la carne sia pronta (ci vorranno circa 90 minuti), versare nella casseruola la cannella in polvere e l'olio. Scolare la carne e tenerla da parte. Mettere le mele nel brodo della carne, aggiungere il miele e farle cuocere finché saranno tenere. Toglierle con una schiumarola e tenerle da parte. Far ridurre il fondo di cottura fino a quando raggiungerà una consistenzasciroppposa. Riscaldare una tagina nel forno, sistemarvi la carne, coprirla con le cotogne, versarvi sopra la salsa, coprire con il coperchio e mettere la tagina sul fuoco per gli ultimi 10 minuti di cottura.

PESCE A differenza della carne, il pesce non è un alimento consumato abitualmente nei paesi arabi, anzi il suo consumo si limita alle città e alle zone costiere. non per questo non si possono trovare ottime ricette, alcune molto simili alle nostre, altre in abbinamento con ingredienti inusuali, come datteri o chiodi di garofano.

FRITTATA DI PESCE PERSICO/PESCE GATTO 1 kg di pesce persico (o pesce gatto), 1 cucchiaino di cannella in polvere, 1 cucchiaino di cumino in polvere, 1 cucchiaino di coriandolo in polvere, 2 uova, olio extravergine d'oliva, sale, pepe Lavare il pesce e asciugarlo; friggerlo in un tegame con un po' d'olio e lasciarlo raffreddare. Nel frattempo tritare finemente tutte le spezie in un mortaio o in un mixer. Quando il pesce è freddo, eliminarne la pelle, la testa e la lisca, tagliarne la carne a pezzetti e metterli in una ciotola. Aggiungervi le spezie, le uova leggermente sbattute, regolare di sale e pepe e mescolare con cura. Ungere leggermente una padella, versarvi il composto di pesce e cuocerlo, come una frittata, rigirandolo in modo che sia cotto e dorato da entrambi i lati.

BRANZINO AL FORNO 800 g di filetti di branzino, 200 g di cipolle, 2 spicchi d'aglio, 80 g di farina, 2 limoni, 200 g di peperoncini verdi, 2 pomodori, 400 g di salsa di pomodoro, 1 pizzico di cumino in polvere, 1 pizzico di coriandolo in polvere, 1 cucchiaio di foglie di coriandolo tritate , 1 cucchiaio di aneto tritato, olio extravergine d'oliva, sale, pepe Mondare e lavare le verdure e tritarle separatamente. In una ciotola mescolare un cucchiaino di sale, un po' di pepe, un pizzico di semi di cumino, uno di coriandolo tritato, uno spicchio d'aglio tritato, la farina, il succo dei limoni e 2 cucchiai d'olio, mescolare con cura; immergervi i filetti di pesce e lasciarli insaporire, rigirandoli ogni tanto. In una casseruola con un po' d'olio, soffriggere le cipolle, i peperoncini e l'aglio rimasto; quando saranno dorati unirvi i pomodori, la salsa, semi di cumino e coriandolo in polvere; proseguire la cottura, a fuoco medio, per 5 minuti. Aggiungere l'aneto e un cucchiaio di coriandolo tritato, regolare di sale e pepe, mescolare e allontanare dal fuoco. Versare il pesce, con la sua marinata, in una pirofila e infornarlo a 200 °C per 10 minuti. In un'altra pirofila distribuire metà della salsa al pomodoro, sistemarvi sopra i filetti di branzino parzialmente cotti e coprirli con la rimanente salsa; rimettere la pirofila in forno per altri 15 minuti. Questa preparazione va servita calda accompagnata, preferibilmente, da riso lessato.

CARPA ALLA BETLEMITA carpa di circa. 1 kg, 1 cipolla, 1 spicchio d'aglio, 1 cucchiaino di foglie fresche di maggiorana, origano, 1/2 cucchiaio di prezzemolo tritato, 1/2 cucchiaio di pinoli, 1/2 cucchiaio d'uva passa, 1/2 cucchiaio di mandorle spellate, il succo di 1 limone, 1 bicchiere di vino bianco secco, farina, burro, olio extravergine d'oliva, sale, pepe, 1 limone per guarnire Lavare la carpa ed eliminarne la testa, la coda e la lisca; quindi tagliarla a pezzi e infarinarla. Mettere a bagno l'uva passa in acqua tiepida. In un capace tegame, far appassire in olio e burro la cipolla sbucciata e tagliata a spicchi sottili. istemare i pezzi di carpa sopra la cipolla, salare e pepare leggermente; lasciare insaporire per alcuni minuti e quindiaggiungere il vino, lo spicchio d'aglio intero, le foglie di maggiorana e un pizzico di origano. Aggiungere, nel caso occorresse, un po' di brodo o un po' d'acqua e far cuocere a fuoco moderato per almeno un quarto d'ora. Quando la carpa sarà cotta, sistemarla in un piatto da portata. Unire al fondo di cottura del pesce poco olio d'oliva e mescolare il tutto; aggiungere il prezzemolo tritato, i pinoli, le mandorle tagliate a lamelle, l'uva passa e il succo del limone. Ricoprire la carpa con la salsa, decorare il piatto con fettine di limone spellate al vivo e servire.

GUAZZETTO DI PESCE ALL'EGIZIANA 1 kg di cozze, 200 g di calamari, 20 gamberoni, 1 cipolla, 3 spicchi d'aglio, 2 cucchiai di prezzemolo tritato, 400 g di pomodori pelati, 1/2 cucchiaino di chiodi di garofano tritati, 1 cucchiaio d'aceto di mele, 4 cucchiai d'olio extravergine d'oliva, sale, pepe Lavare le cozze, raschiarle e farle aprire in un tegame senza alcun condimento; eliminare le valve vuote. Lavare i calamari e tagliarli a striscioline non troppo sottili. Lavare anche i gamberoni. Mondare e tritare, separatamente, la cipolla e l'aglio.Versare l'olio in un tegame e farvi appassire la cipolla, a fiamma bassissima, per 5-10 minuti; quando sarà trasparente, ma non dorata, aggiungere l'aglio, un cucchiaio di prezzemolo tritato e i chiodi di garofano, farli scaldare per 3-4 minuti, mescolando. Mettere nel tegame i calamari e farli cuocere per 2 minuti: aggiungere i pomodori pelati e l'aceto, alzare un po' la fiamma e farli cuocere per 10 minuti. Versare nel tegame anche i gamberoni e le cozze, regolare di sale e pepe e continuare la cottura per altri 5 minuti. Allontanare dal fuoco, cospargere con il rimanente prezzemolo tritato e servire.

PESCE AL FORNO CON SALSA PICCANTE 1 pesce di c. 1,5 kg (dentice, orata o qualsiasi, pesce a carne bianca), 5-6 pomodori piccoli, 3 spicchi d'aglio, 2 cipolle, 1 peperone verde, 1 peperone rosso, 1-2 peperoncini piccanti, 2 cucchiai di salsa di pomodoro, 80 g di mandorle spellate, 2 cucchiai di foglie di coriandolo tritate (o prezzemolo), 1/2 cucchiaino di curcuma, 1/2 cucchiaino di curry in polvere, il succo di 1/2 limone, 2 cucchiai d'olio extravergine d'oliva, sale, 1 limone per guarnire Sfregare il pesce con il sale e pungerlo più volte su entrambi i lati con una forchetta; bagnarlo con il succo di limone e lasciarlo marinare per 2 ore. Mondare e lavare tutte le verdure; preriscaldare il forno a 180 °C. Far appassire la cipolla e l'aglio tritati nell'olio; unire i peperoni tagliati a listarelle, i peperoncini tritati, la curcuma e il curry. Far cuocere per qualche minuto, quindi aggiungere i pomodori tagliati a dadini, la salsa di pomodoro e il coriandolo o prezzemolo. Affettare le mandorle e tostarle leggermente in una padella antiaderente. Distribuire in una pirofila metà delle mandorle e metà della salsa di pomodoro, quindi sistemarvi il pesce con la sua marinata; versare sul pesce il resto della salsa di pomodoro e delle mandorle e ricoprire la pirofila con carta d'alluminio. Passare in forno per 30 minuti, togliere la copertura e cuocere per altri 10-20 minuti. Servire immediatamente, guarnendo il piatto con spicchi di limone.

PESCE AL FORNOCON RIPIENO DI NOCI Samak Harra 1 orata di c. 1,5 kg (o cernia) , 300 g di gherigli di noce , 9 spicchi d'aglio, 1 mazzetto di coriandolo (o di prezzemolo), 1/2 cucchiaino di peperoncino in polvere, il succo di 2 limoni, 7 cucchiai d'olio extravergine d'oliva, acqua, sale, pepe Pulire e asciugare accuratamente il pesce e sistemarlo in una teglia. Tritare le noci e il coriandolo, o prezzemolo, e schiacciare gli spicchi d'aglio; mescolare insieme. questi ingredienti e aggiungervi l'olio, il succodei limoni, il peperoncino, sale e pepe. Amalgamare il tutto con cura, eventualmente diluendolo con un po' d'acqua; mettere una parte di questa salsa all'interno del pesce e coprirlo con la rimanente. Infornare a 180 °C per 30-40 minuti, o fino a quando la polpa risulta morbida. Questo piatto può essere servito caldo o freddo, a piacere.

PESCE IN SALSA DI PINOLI 4 filetti (c. 800 g) di pesce (carpa, dentice, orata o qualsiasi pesce a carne bianca), 1 limone , 1 cucchiaio di burro , per la salsa di pinoli, 200 g di pinoli, 1 spicchio d'aglio, 2 fette di pane integrale, 1 cucchiaio di prezzemolo tritato, 1 tazza di brodo di pesce(o di pollo) Con un coltello affilato ricavare la scorza del limone (parte gialla) e tagliarla a listarelle sottili. Frullare il pane con i pinoli, lo spicchio d'aglio, il brodo e un cucchiaio di succo di limone. Versare il composto in un pentolino, incorporarvi il prezzemolo e scaldarlo a fiamma bassissima; se dovesse asciugarsi troppo, aggiungere altro brodo. Scaldare il burro in un tegame, versarvi le listarelle di limone, unire anche il pesce e farlo cuocere per circa 2 minuti per lato. Sistemare il pesce in un piatto da portata, irrorarlo con la salsa di pinoli e servire.

POLPETTE DI PESCE 500 g di polpa di pesce lessata , 4 cucchiai di prezzemolo tritato, 2 cipolle , 1 uovo , 1/2 cucchiaio di paprica dolce , 1/2 cucchiaio di semi di cumino, 4 cucchiai di farina , sale, pepe , olio per friggere Eliminare dalla polpa di pesce eventuali lische, cartilagini e pelle, e tritarla molto finemente. Metterla in una terrina con il prezzemolo, le cipolle tritate, l'uovo, un cucchiaino di pepe, la paprica, i semi di cumino e un pizzico di sale. Amalgamare il tutto e formare delle piccole polpette; appiattirle leggermente e infarinarle con cura. Farle dorare in una padella con abbondante olio bollente; porle ad asciugare su carta da cucina in modo che perdano l'olio in eccesso e servirle calde.

OMBRINE ALLO ZAFFERANO 1-2 ombrine (c. 1,5 kg), 1 carota , 1 cipolla 1 bicchiere di latte , 2 cucchiai di salsa di pomodoro , alcune foglie di salvia, 1pizzico di zafferano in polvere, 2 cucchiai di brandy, il succo di 1/2 limone, acqua, sale Lavare e squamare i pesci e lasciarli asciugare su un canovaccio. Mondare e tritare la carota e la cipolla, metterle in una teglia, unirvi il latte e lasciare sobbollire dolcemente fino a che il latte sarà quasi completamente assorbito. Aggiungere un pizzico di zafferano stemperato in poca acqua tiepida, la salsa di pomodoro e allungare il tutto con una tazzina d'acqua calda, regolare di sale e portare il sugo a ebollizione, sempre su fuoco moderato. Adagiare i pesci nella teglia, in modo che siano coperti dal sugo, e cuocere per 20 minuti circa. Circa 5 minuti prima del termine della cottura profumare con il brandy e con la salvia tritata. Togliere il pesce dalla teglia, accomodarlo in un piatto da portata tenerlo al caldo. Controllare la densità del sugo e, se necessario, farlo restringere; aggiungervi il succo di limone, mescolare, versare sul pesce e servire.

SPIEDINI DI PESCE, CON SALSA DI POMODORO 800 g di filetti di pesce (dentice, orata, o qualsiasi pesce a carne bianca), Per la marinata 1 cipolla rossa, 1 spicchio d'aglio, 1 mazzetto di coriandolo fresco, 1 mazzetto di prezzemolo, 1/2 cucchiaino di paprica dolce, 1/4 di cucchiaino di peperoncino in polvere, 2 cucchiai di succo di limone, 4 cucchiai d'olio extravergine d'oliva, Per la salsa di pomodoro, 4 pomodori grossi, 4 cipollotti con un po' di gambo, 2 peperoncini rossi, 1/2 mazzetto di coriandolo fresco, succo di limone (facoltativo), 1/2 tazza d'olio extravergine d'oliva, pepeMondare, lavare e tritare le verdure e le erbe aromatiche della ma   rinata; mescolarle in una terrina con tutti gli altri ingredienti. Tagliare il pesce a dadini non troppo piccoli, versarli nella marinata, mescolare bene e lasciarli insaporire per almeno 2 ore. Nel frattempo preparare la salsa; mondare, lavare e tritare le verdure e le erbe aromatiche; mescolarle in una terrina con tutti gli altri ingredienti e insaporirle con pepe e, a piacere, con succo di limone. Lasciare riposare la salsa di pomodoro in frigorifero per almeno un'ora. Infilzare i dadini di pesce su spiedini di metallo e grigliarli in una bistecchiera, girandoli spesso, finché risultano dorati su tutti i lati. Portare in tavola gli spiedini appena pronti, con la salsa di pomodoro servita a parte.

RANA PESCATRICE PICCANTE, 700 g di rana pescatrice, sarissa, 4 pomodori, 2 cipolle, 4 spicchi d'aglio, 3 rametti di coriandolo fresco, 1 cucchiaino di semi di cumino, 1 cucchiaino di zucchero, il succo di 1 limone, acqua, olio extravergine d'oliva, sale, pepe Togliere la spina centrale della pescatrice senza separarne i 2 filetti, spellarla, lavarla e asciugarla. Mescolare in una ciotola qualche foglia di coriandolo con un pizzico di semi di cumino, uno di zucchero, uno di sale, uno di pepe e uno di harissa; spalmare la miscela sulla parte interna della pescatrice, quindi richiuderla, legarla, salarla e irrorarla con il succo di limone. Lavare i pomodori, eliminarne i semi e tritarne la polpa. Tritare anche l'aglio e affettare la cipolla; farli appassire in una casseruola con un po' d'olio, aggiungere un pizzico di sarissa e mescolare per qualche istante. Unire i pomodori e un mestolino d'acqua, portare a ebollizione e lasciare cuocere a fiamma media per qualche minuto. Aggiungere i semi di cumino, il coriandolo e lo zucchero rimasti e una macinata di pepe, mescolare e aggiustare di sale. Unire il pesce, irrorarlo con la salsa e cuocerlo a fiamma media per 30 minuti, bagnandolo di tanto in tanto con il fondo di cottura. Questo piatto può essere servito sia caldo sia freddo.

POLPETTE D I PESCE IN SALSA DI POMODORO 1 kg di filetti di merluzzo , 500 g di salsa di pomodoro , 1 cipolla, 1 spicchio d'aglio, 1 mazzetto di prezzemolo , 1/2 cucchiaino di paprica , 1 uovo, 2 cucchiai di pangrattato, 1/2 bicchiere d'olio extravergine d'oliva, sale, pepe Mondare e lavare tutte le verdure. Lavare i filetti di merluzzo, asciugarli e tritarli in un mixer con la cipolla, metà prezzemolo, sala e pepe. Versare il composto in una ciotola e unirvi il prezzemolo tritato rimasto, il tuorlo d'uovo e il pangrattato; mescolare con cura e lasciare riposare. Riunire in un ampio tegame la salsa di pomodoro, l'aglio tagliato a lamelle, la paprica e l'olio, mescolare e portare a ebollizione. Formare delle polpettine con il composto di pesce e immergerle nella salsa di pomodoro, abbassare la fiamma e farle cuocere per 30 minuti.

SOGLIOLE CON MANDORLE E NOCCIOLE 4 sogliole di c. 250 g cad., 200 g di mandorle e nocciole sgusciate, 1 manciata di semi di finocchio, 1 cucchiaino di paprica, il succo di 1 limone, acqua, 60 g di burro, sale Far bollire dell'acqua in un pentolino quindi gettarvi le mandorle e le nocciole; dopo pochi minuti scolarle, privarle della pellicina esterna e tritarle grossolanamente. Pulire, lavare e sfilettare le sogliole. In una larga padella fondere il burro e farvi rosolare i filetti di pesce da ambo le parti. Appena dorati, cospargerli con la paprica e i semi di finocchio, salarli e bagnarli con il succo del limone e farli cuocere ancora per 5 minuti. Servire i filetti caldi coperti dal trito di mandorle e nocciole.

TRANCI DI TONNO ALLE SPEZIE4 tranci di tonno fresco spesse c. 1,5 cm, 3 spicchi d'aglio, 1 mazzetto di prezzemolo, 1 mazzetto di coriandolo, 1 pezzetto di zenzero fresco, 1 cucchiaino di paprica, il succo di 1 limone, 50 g di burro, olio extravergine d'oliva, sale Lavare il prezzemolo e il coriandolo e tritarli. Sbucciare e tritare lo zenzero e gli spicchi d'aglio. Spremere il limone e raccoglierne il succo in una ciotola filtrandolo. Mettere nella ciotola tutti gli ingredienti tritati, la paprica, il burro a temperatura ambiente e un bel pizzico di sale; mescolare il tutto fino a formare una crema. Spalmare con questa crema le fette di tonno e adagiarle in una teglia con qualche cucchiaio d'olio. Far cuocere a fiamma moderata per 10 minuti circa e servire.

SARDINE RIPIENE DI PATATE per 6-8 persone 2 kg di sardine , 500 g di patate , 3 spicchi d'aglio, farina, 3 uova , 1 mazzetto di prezzemolo o di coriandolo fresco, 1 peperoncino rosso, 1 cucchiaino di semi di cumino, 1 cucchiaino di paprica, sale, olio per friggere Togliere la testa alle sardine, aprirle e diliscarle; sciacquarle con cura sotto acqua corrente e farle asciugare su un canovaccio. Lessare le patate, sbucciarle e passarle allo schiacciapatate facendole ricadere in una terrina. Preparare una purea unendo alle patate il prezzemolo tritato, o coriandolo, l'aglio pestato, le uova sbattute, il cumino, la paprica, il peperoncino rosso tritato e un pizzico di sale. Mettere parte di questo composto tra due sardine aperte, chiuderle, appiattirle, infarinarle sui due lati e friggerle nell'olio caldo. Quando saranno dorate, scolare le sardine dall'olio e farle asciugare su carta da cucina. Questo piatto può essere servito caldo o freddo, accompagnato a piacere da spicchi di limone.

TROTA CON DATTERIA LLA M AROCCH INA 4 trote di c. 300 g cad., 200 g di datteri, 100 g di riso, 2 cipolle, 100 g di mandorle spellate, 4 cucchiai di coriandolo fresco, 1/2 cucchiaino di cannella in polvere, 1/2 cucchiaino di zenzero fresco tritato, 1 cucchiaino di zucchero, 60 g di burro, pepe, 1/2 cucchiaino di cannella in polvere per completare Lessare il riso, scolarlo al dente e lasciarlo raffreddare. Snocciolare i datteri e tritarli; tritare anche le cipolle e le mandorle. Preriscaldare il forno a 160 °C. Pulire le trote, sciacquarle sotto acqua corrente e asciugarle con carta da cucina. In un recipiente mescolare i datteri, il riso, le cipolle, le mandorle, il coriandolo e la cannella. Farcire le trote con il composto di riso, chiuderle con spiedini di metallo, quindi adagiarle sulla piastra del forno; spennellare il pesce con il burro fuso, cospargerlo con mezzo cucchiaino di pepe, lo zenzero e lo zucchero e infornarlo per 20 minuti, fino a quando non risulta dorato. Prima di servire cospargere le trote con la cannella rimasta.

VERDURE Nella cucina araba sono presenti tutte le verdure cui siamo normalmente abituati: cetrioli, cipolle, melanzane, patate, peperoni, pomodori, zucchine ecc. anche il modo di cucinarle non differisce molto dal nostro, la differenza è data dal maggior uso di spezie per aromatizzarle e di yogurt nella cottura e da tener presente che molti dei piatti presentati in questo capitolo possono essere usati anche come antipasto.

CETRIOLI ALLO YOGURT 400 g di cetrioli , 500 g di yogurt naturale , 4 pomodori , 1 peperone , 2 cipolle , 1 rametto di menta essiccata, 50 g di gherigli di noce, 3 cucchiai d'olio extravergine d'oliva, 2 cucchiai di sale grosso , sale, pepe (o peperoncino in polvere) Mondare e lavare tutte le verdure. Sbucciare i cetrioli e tagliarli afettine molto sottili; metterli in una larga terrina, ricoprirli con il sale grosso e lasciarli riposare per 30 minuti. Eliminare quindi, il sale e l'acqua di vegetazione. Mettere i cetrioli in un'insalatiera, unirvi i pomodori tagliati a fettine, il peperone tagliato ad anelli e le cipolle tagliate ad anelli sottili. Aggiungere l'olio, la menta essiccata ridotta in polvere, i gherigli di noce spezzettati, il sale e, a piacere, un pizzico di pepe o di peperoncino. Mescolare il tutto e distribuire l'insalata nei piatti individuali, versare poi in ogni piatto 125 grammi di yogurt e servire.

CAROTE GLASSATE 500 g di carote , 1 cucchiaio di zucchero , 1 cucchiaio di succo di limone, 1 cucchiaino di paprica dolce , peperoncino in polvere, 2 cucchiai d'olio extravergine d'oliva, acqua, sale Sbucciare le carote e tagliarle a dadini; metterle in una casseruola coperte d'acqua salata e cuocerle per 10 minuti. Scolarle e trasferirle in una casseruola più piccola con lo zucchero, l'olio, la paprica dolce, un pizzico di peperoncino, il succo di limone e qualche cucchiaio d'acqua di cottura. Cuocere le carote, coperte e a fiamma media, finché diventano traslucide e glassate. Le carote così cucinate possono essere servite tiepide o fredde.

CIPOLLE SPEZIATE AL FORNO Mezgaldi di cipolle 1 kg di cipolle, 2 coste di sedano , 2 cucchiai di zucchero, 2 cucchiai di cannella in polvere , 1 bustina di zafferano , 1 pizzico di pistilli di zafferano , 1 cucchiaino di zenzero in polvere, 1 cucchiaino di grani di pepe pestati, 1 dl d'olio extravergine d'oliva, acqua, sale Sbucciare e affettare le cipolle a rondelle. In una terrina versare l'olio, le spezie e lo zucchero, mescolare e aggiungere le cipolle rigirandole bene nel condimento, coprirle a filo con acqua fredda e lasciarle marinare per 2 ore circa. Mondare e lavare le coste di sedano, tagliarle a pezzi e sistemarle sul fondo di una tagina o di una pirofila, disporvi sopra le rondelle di cipolla a strati regolari, versare la marinata, regolare di sale e mettere la tagina, coperta, nel forno a 180 °C per 30-40 minuti. Verso la fine far dorare le cipolle sotto il grill. Servire questa preparazione ben calda.

CIPOLLE RIPIENE 2 cipolle, 2 cucchiai d'aceto , 2 cucchiai d'olio extravergine d'oliva, per il ripieno: 250 g di carne tritata , 100 g di riso, 1 pomodoro, 2 cucchiai di prezzemolo tritato, 1/2 cucchiaino di cannella in polvere, acqua, sale, pepe Lessare il riso e scolarlo al dente. Mondare e lavare il pomodoro, tuffarlo per pochi istanti in una pentola d'acqua bollente, scolarlo, pelarlo e tritarlo. Preparare il ripieno amalgamando con cura il riso assieme agli altri ingredienti indicati; regolare di sale e pepe. Sbucciare le cipolle, tagliarle a metà verticalmente; buttarle in acqua bollente e farle cuocere per circa 10 minuti, o fino a quando le "tuniche" tendono ad aprirsi; sgocciolare e lasciare raffreddare. Dividere le tuniche e, incominciando dalle più grandi, farcirle con un po' di ripieno e chiuderle arrotolandole. Sistemare i rotolini ottenuti sul fondo di una pirofila e coprirli con l'olio, l'aceto e un po' d'acqua. Far cuocere in forno moderato per circa 45 minuti, quindi servire questa preparazione calda o fredda.

FAGIOLI ALL'EGIZIANA 300 di fagioli bianchi secchi , 4 foglie di lattuga , 3 cipollotti , 1 mazzetto di prezzemolo , 2 cucchiai di succo di limone, 3 cucchiai d'olio di semi di sesamo, acqua, sale, pepe Lasciare a bagno i fagioli in acqua tiepida per una notte. Il giorno successivo, lessarli in abbondante acqua bollente salata per almeno 2ore, o fino a quando saranno diventati teneri; scolarli e lasciarli raffreddare a temperatura ambiente. Lavare le foglie di lattuga, tagliarle a listarelle sottili e sistemarle sul fondo di un'insalatiera. Versare nell'insalatiera anche i fagioli, il prezzemolo tritato, i cipollotti tagliati a rondelle, il succo di limone e l'olio; mescolare con cura l'insalata, regolare di sale e pepe, lasciarla insaporire per qualche minuto e servire.

FAGIOLINI PICCANTI 750 g di fagiolini , 6 pomodori, 1 cipolla rossa , 2 spicchi d'aglio , 1 peperoncino rosso, 2/3 di tazza d'acqua, 1/4 di tazza d'olio extravergine d'oliva Lavare, scolare, asciugare i fagiolini ed eliminarne le estremità. Mondare, lavare e tritare, separatamente, la cipolla, l'aglio, i pomodori e il peperoncino. Scaldare l'olio in una larga padella, unirvi la cipolla e l'aglio e rosolarli finché divengono trasparenti. Aggiungere i pomodori e il peperoncino e far cuocere per altri 2 minuti. Versare i fagiolini e cuocerli, a fiamma alta, per 3 minuti. Versare due terzi di tazza d'acqua bollente e lasciare cuocere lentamente per 10 minuti, fino a quando i fagiolini sono teneri. Servire questo piatto molto caldo.

INSALATA EGIZIANA 2 cespi d'indivia, 1 cipolla , 1 cucchiaio di miele, origano , aceto, olio extravergine d'oliva, sale, pepe Lavare l'indivia avendo cura di scartare le foglie esterne e usando soltanto la parte più bianca; scolarla e asciugarla con un panno. Sistemarla in un'insalatiera, aggiungervi la cipolla mondata e tritata e cospargere il tutto d'olio. A parte, mescolare l'aceto con il miele, un pizzico di sale, uno di pepe e uno d'origano; condire con questa miscela l'insalata e servire.

MELANZANE AL FORNO ALLA LIBANESE 2 melanzane di c. 300-400 g cad , 80 g di olive nere snocciolate, 30 di capperi sottosale, 4 cucchiai di pangrattato, 6 cucchiai d'olio extravergine d'oliva, acqua, 1 ciuffo di prezzemolo, sale, pepe Lavare e spuntare le melanzane, tagliarle a metà nel senso della lunghezza e scavarle. Tritare la polpa ottenuta, versarla in una terrina con le olive tagliate a pezzi e il pangrattato e amalgamare il tutto con un cucchiaio di legno. Scaldare in un tegame 2 cucchiai d'olio e, quando sarà ben caldo, versarvi il composto; salare leggermente, pepare e lasciare insaporire per qualche minuto, mescolando spesso; togliere dal fuoco. Dissalare i capperi; mondare il prezzemolo, lavarlo e tritarlo e unirlo, assieme ai capperi, al composto mescolando con cura. Far bollire dell'acqua leggermente salata in una pentola e immergervi le mezze melanzane; farle cuocere per 5-6 minuti, sgocciolarle e riempirle con il composto precedentemente preparato. Versare l'olio rimasto in una pirofila da forno, unirvi qualche cucchiaio d'acqua e disporvi le melanzane in un solo strato; infornare a 200 °C per 25-30 minuti. Potete servire questo piatto sia caldo sia freddo.

LENTICCHIE E ZUCCA 300 g di lenticchie , 600 g di zucca , 1 cipolla , 3 pomodori , 150 g di khilii a strisce lunghe 7 cm , 1 cucchiaio di grasso di khilii , 1 peperoncino verde fresco , 1 cucchiaio di concentrato di pomodoro, 1/2 cucchiaino di cumino in polvere, 1/2 cucchiaino di paprica dolce, 1/4 di cucchiaino di peperoncini in polvere, acqua, sale Mondare e lavare tutte le verdure; tagliare la cipolla e i pomo dori a spicchi non troppo sottili e la zucca a cubetti di circa 3 centimetri. Cuocere in una casseruola la cipolla, il khilii con il suo grasso, i peperoncino, il cumino e un pizzico di sale, finché la cipolla diventa trasparente.Aggiungere il peperoncino verde affettato, i pomodori e il concentrato di pomodoro, versare acqua fino a coprir e cuocere per 30 minuti. Togliere la carne, aggiungere le lenti(chic e un litro d'acqua e cuocere per altri 30-40 minuti. Lessare a parte la zucca; scolarla e unirla agli altri ingredienti, aggiungere anche la paprica, mescolare e servire.

INSALATA DI PEPERONI E POMODORI 2 peperoni verdi grossi , 2 pomodori , Per la vinaigrette: 1/4 di tazza d'olio extravergine d'oliva , 1 spicchio d'aglio , 1 cucchiaio d'aceto, 1/2 cucchiaino di zucchero, pepe Tagliare a metà i peperoni, privarli dei semi, lavarli e metterli sotto il grill con la pelle rivolta verso l'alto finché si raggrinza e inizia ad annerirsi. Spellarli e ridurli a quadretti di 2 centimetri. Lavare i pomodori, tagliarli a dadini e mescolarli ai peperoni. Preparare la vinaigrette mescolando l'olio con l'aceto, il pepe, lo zucchero e lo spicchio d'aglio tritato. Versare il condimento sulle verdure, lasciarle insaporire per 10 minuti e servire.

MELANZANE CON PANNA ACIDA 500 g di melanzane, 125 g di panna acida, 125 g di yogurt naturale, 1 spicchio d'aglio, 1/2 cucchiaino di peperoncino in polvere, 30 g di burro, sale, pepe Sbucciare le melanzane e tagliarle prima a fette e poi a dadini; salarle e lasciarle riposare per 30 minuti circa. Lavarle in acqua fredda, scolarle e asciugarle con un canovaccio pulito. Far scaldare in un tegame il burro e unirvi le melanzane, coprire e far cuocere per 8 minuti circa o fino a che le melanzane saranno diventate morbide; scolarle dal burro in eccesso e lasciarle raffreddare in una terrina. In una ciotola, mescolare la panna acida, lo yogurt, il peperoncino, il sale, l'aglio schiacciato e un pizzico di pepe. Condire le melanzane con questa salsa e servirle a temperatura ambiente.

MELANZANE E POMODORI STUFATI 1 kg di melanzane, 500 g di pomodori, 4 spicchi d'aglio, 1 cucchiaio di paprica dolce, 1 cucchiaio di semi di cumino, il succo di 1 limone, acqua, 2 cucchiai d'olio extravergine d'oliva, sale, pepe Lavare le melanzane e tagliarle a cubetti di circa 3 centimetri, senza togliere la buccia; lavare anche i pomodori e tagliarli a dadini. Lessare le melanzane in acqua salata per 30 minuti. Cuocere i pomodori per 5 minuti in una padella con l'olio, la paprica dolce, i semi di cumino, gli spicchi d'aglio interi, il succo di mezzo limone e un po' di sale. Quando le melanzane sono quasi cotte, lasciarle sgocciolare, asciugarle su carta da cucina e aggiungerle ai pomodori; schiacciare bene il tutto e mettere sul fuoco, a fiamma bassa, per 15-20 minuti, sempre mescolando, finché tutta l'acqua non sarà evaporata. Aggiungere il rimanente succo di limone, regolare di sale e pepe e lasciare raffreddare. Servire a piacere con olive nere e scorze di limone sottosale.

MELANZANE A FIORE 8 melanzane piccole (meglio se tonde), 300 g di pomodori, 1 mazzetto di prezzemolo, 1/2 peperoncino piccante, 1 spicchio d'aglio, peperoncino in polvere, olio extravergine d'oliva, acqua, sale, pepe Mondare e lavare le melanzane e inciderle a croce, senza separare gli spicchi; salarle, ungerle leggermente d'olio e lasciarle riposare per 2 ore circa. Sciacquarle e scottarle in acqua bollente salata per 5-6 minuti. Scolarle, asciugarle e friggerle in olio bollente. Asciugarle molto bene, tamponandole, su carta da cucina e condirle con un pizzico di pepe, uno di peperoncino in polvere e le foglie di prezzemolo tritate. Sbucciare i pomodori dopo averli scottati in acqua bollente per 30 secondi, tritarli e cuocerli in una padella con 2 cucchiai d'olio, l'agliotagliato a lamelle e un'abbondante presa di sale; aggiungere il peperoncino e cuocere la salsa per 10 minuti a fuoco vivo. Servire le melanzane accompagnate dalla salsa piccante.

INSALATA DI PATATE 800 g di patate rosse, 1 mazzetto di prezzemolo, 4 spicchi d'aglio, il succo di 2-3 limoni, olio extravergine d'oliva, sale, pepe Lessare le patate tenendole abbastanza al dente; sbucciarle, lasciarle raffreddare, tagliarle a fette spesse e sistemarle in un'insalatiera. Tritare molto finemente aglio e prezzemolo e versarli sulle patate. Condire con succo di limone, olio, sale e pepe, mescolare e conservare l'insalata in frigorifero fino al momento di servirla.

CROCCHETTE DI ZUCC H I N E ALLA LIBANESE 600 g di zucchine, 100 g di provolone piccante grattugiato, 150 g di pangrattato, 2 uova, acqua, sale, pepe, olio di semi di sesamo per friggere Mondare le zucchine, lavarle e lessarle in acqua bollente salata per 10 minuti circa. Scolarle e passarle al passaverdura facendo ricadere il passato in una terrina. Aggiungere le uova, il formaggio grattugiato e un cucchiaio di pangrattato per rendere il composto più solido. Mescolare il tutto con un cucchiaio di legno, regolare di sale e pepe e formare delle polpette che andranno passate nel pangrattato. Friggere le crocchette ottenute in una padella con olio caldo fino a farle diventare dorate e croccanti; sgocciolarle, farle asciu- gare su carta da cucina e servirle ben calde.

TAGINA DI VERDURE MISTE 4 patate, 2 rape, 4 zucchine, 2 cipolle grosse, 3 carote, 3 gambi di sedano, 6 spicchi d'aglio, 2 cucchiai di prezzemolo tritato, 1 peperoncino rosso piccolo, 1 cucchiaino di cumino in polvere, 1 l d'acqua, 2 cucchiai d'olio extravergine d'oliva Mondare, lavare ed eventualmente sbucciare le verdure. Tagliare, separatamente, le patate, le rape, le zucchine e una cipolla a dadini; le carote a bastoncini e il sedano a fettine diagonali. Tritare l'altra cipolla, il peperoncino e il prezzemolo. In una pentola capiente portare a ebollizione l'acqua, aggiungere le patate, le carote, le rape, le zucchine, il sedano, la cipolla a dadini e gli spicchi d'aglio; far cuocere le verdure per 15-20 minuti o finché non sono tenere. Scaldare l'olio in una padellina e rosolarvi, a fuoco medio, il peperoncino, il cumino, la cipolla tritata e il prezzemolo per 5 minuti. Unire il soffritto alle verdure lessate nella pentola e lasciare cuocere per altri 10 minuti, fino a quando il fondo di cottura si sarà ridotto e la cipolla sarà diventata tenera. Servire immediatamente.

PUREA DI PATATE ALL'ORIENTA L E 800 g di patate, 50 g di margarina, 1 mazzetto di prezzemolo, 2 uova , il succo di 1 limone, noce moscata, brodo, burro, sale Lessare le patate, sbucciarle e passarle allo schiacciapatate. Preparare la purea con la margarina (in quanto il burro creerebbe acidità unito al limone) e con un po' di brodo (in vece del latte); insaporire, da ultimo, con una noce di burro e prezzemolo tritato. Quando la purea sarà pronta amalgamarvi, a fuoco già spento, le uova ben sbattute con il succo del limone e una grattugiata di noce moscata, regolare di sale e servire.

PEPERONI RIPIENI Filfil Mahshi 4 peperoni verdi, 300 g di riso, 3 cipolle tritata, 120 c di pinoli, 80 g di uva passa, 1 pomodoro, 1/2 cucchiaio di zucchero, 1/2 cucchiaio di menta fresca, 2 cucchiai di limone, acqua, olio extravergine d'oliva, sale, pepe Mondare e lavare tutte le verdure; tagliare la parte superiore dei peperonied eliminare i semi; tritare le cipolle. In un ampio tegame rosolare le cipolle e i pinoli in un cucchiaio d'olio, aggiungere il riso e tostarlo, mescolando, per 5 minuti. Unire l'uva passa, un cucchiaino di sale e uno di pepe e lo zucchero; coprire con abbondante acqua bollente e continuare la cottura, sempre mescolando, fino a che tutta l'acqua sarà assorbita. Allontanare dal fuoco, aggiungere la menta e il succo di limone e lasciare raffreddare. Farcire i peperoni con il ripieno preparato, chiuderli con una fettina di pomodoro e sistemarli in un tegame che li contenga giustamente; cospargerli con un po' di sale, zucchero e olio, versare nel tegame una tazza d'acqua e farli cuocere, coperti e a fiamma bassissima, fino a quando saranno teneri. Questo piatto va servito freddo.

DOLCI mandorle, datteri e miele sono gli ingredienti che spesso compaiono nei dolci arabi. sono preparazioni golosissime, anche se molto dolci e particolarmente ricche di calorie. abitualmente si consumano come dessert o come spuntino, accompagnate da un tè alla menta. BISCOTTI DI MANDORLE per 8 persone: 225 g di mandorle sgusciate, 1 uovo, 150 g di zucchero a velo, 2 cucchiaini di scorza di limone grattugiata, 1 cucchiaino di essenza di vaniglia, 1/4 di cucchiaino di cannella in polvere, zucchero a velo per decorare Preriscaldare il forno a 180 °C. Mescolare in una terrina l'uovo sbattuto con lo zucchero a velo fino a ottenere un composto soffice e spumoso. In un altro recipiente mescolare le mandorle tritate, la scorza di limone, l'essenza di vaniglia e la cannella; quindi incorporarvi gradualmente il composto d'uovo e zucchero. Lavorare l'impasto per circa 5 minuti, fino a quando non diventa elastico, quindi coprirlo con un panno e lasciarlo riposare per 15 minuti. Su un piano da lavoro infarinato, lavorare la pasta e farne un rotolo del diametro di 4 centimetri; tagliarlo in 24 pezzi uguali e formare delle palline, ungersi i palmi delle mani e schiacciare ogni pallina in un disco di 4 centimetri di diametro. Disporre i biscotti su una piastra da forno imburrata, lasciando tra loro lo spazio sufficiente perché aumentino di volume durante la cottura, cospargerli di zucchero a velo e infornarli per 15- 20 minuti, o finché saranno dorati. Lasciarli raffreddare su una gratella metallica e conservarli in un contenitore ermetico.

BUDINO AL LATTE per 4-6 persone: 1 l di latte, 125 g di maizena, 200 g di zucchero, 200 g di panna fresca, 3-4 cucchiai d'acqua di fiori d'arancio, essenza di vaniglia, pistacchi non salati Mescolare in un tegame la maizena con lo zucchero e scioglierli con 250 grammi di latte freddo; scaldare il latte rimanente. Mettere il composto di maizena e zucchero sul fuoco, a fiamma bassa, versarvi poco a poco il latte caldo e far addensare, mescolando ripetutamente in modo che non si formino grumi. Ottenuta una crema liscia, lasciarla raffreddare e nel frattempo montare la panna. Incorporare poi la panna alla crema di latte fredda, aggiungere l'acqua di fiori d'arancio e alcune gocce d'essenza di vaniglia. Versare il budino in coppette individuali e guarnirlo con i pistacchi sgusciati e tritati; coprire le coppette con pellicola per alimenti e riporle in frigorifero. Servire questo dessert ben freddo.

CORNA DI GAZZELLA per 8 persone: 250 g di farina, 200 g di pasta di mandorle, 100 g di burro, 100 g di zucchero, 1 bustina di zucchero vanigliato, 2 uova, acqua di fiori d'arancio, zucchero a velo, saleMescolare la farina con il burro a temperatura ambiente; aggiungervi un pizzico di sale, lo zucchero, lo zucchero vanigliato e le uova; continuando a mescolare, versare lentamente l'acqua di fiori d'arancio necessaria a ottenere un composto morbido. Stendere l'impasto e tagliarlo a quadretti di 10 centimetri circa, mettervi al centro un rotolino di pasta di mandorle, arrotolare formando un cannolo e deporlo su una teglia oliata. Cuocere le corna di gazzella in forno a una temperatura di 210 °C per 25-30 minuti circa, fino a quando saranno dorate; appena tiepide rotolarle nello zucchero a velo.

COUSCOUS DOLCE per 6-8 persone: 500 g di couscous, 100 g di cioccolato fondente, 100 g di pistacchi sgusciati, 100 g di mandorle spellate, 50 g di zucca candita, 30 g di zucchero a velo, 10 g di cannella in polvere Preparare il couscous seguendo le indicazioni della ricetta base. Quando il couscous sarà freddo, addolcirlo con lo zucchero, mescolarvi il cioccolato tagliato a scaglie, i pistacchi, le mandorle tagliate a lamelle e la zucca candita tagliata a dadini, cospargerlo con la cannella e servirlo.

COUSCOUS A DATTERI Per 6-8 persone: 250 g di datteri snocciolati, 500 g di couscous, 250 g di zucchero, 60 g di burro Preparare il couscous seguendo le indicazioni della ricetta base e, mentre è ancora caldo, unirvi lo zucchero e il burro; mescolare con cura. Tagliare i datteri a listarelle e mescolarli al couscous. Lasciarlo raffreddare e servire.

DATTERI RIPIENI Per 8 persone : 100 g di zucchero, 170 g di mandorle spellate 500 g di datteri , 3 cucchiai d'acqua di fiori d'arancio (0 acqua di rose) Incidere i datteri sul lato lungo ed estrarne il nocciolo. Tritare le mandorle il più finemente possibile e unirvi lo zucchero e l'acqua aromatica; lavorare il tutto con cura fino a ottenere un impasto compatto. Farcire i datteri con il composto preparato.

DELIZIE TUNISINE Per 8 persone: zucchero, 500 g di farina, 4 uova, 4 cucchiai d'acqua, olio per friggere Versare la farina in una terrina e unirvi, mescolando, le uova, la farina e l'acqua; mescolare e lavorare con le mani fino a ottenere un composto omogeneo. Mettere l'impasto su un piano da lavoro, dividerlo in 5-6 parti, co- spargerlo di farina e coprirlo con un canovaccio. Prendere un pezzo di pasta alla volta, spianarla allo spessore di un millimetro e ricavarne delle strisce larghe 5 centimetri e lunghe 30. Continuare fino a esaurire la pasta, coprendo con un canovaccio anche le strisce man mano che sono pronte. Scaldare l'olio per friggere in una larga padella, senza farlo bollire; infilare un'estremità di una striscia di pasta in una forchetta e tenere l'altra estremità con una mano; immergere nell'olio la parte di striscia tenuta dalla forchetta, girare quest'ultima velocemente in modo da arrotolarvi intorno la striscia di pasta, senza farla bruciare. Questi dolcetti sono pronti quando sono dorati. Continuare così fino a esaurimento delle strisce di pasta e, man mano che sono pronte, mettere le delizie tunisine ad asciugare su carta da cucina; cospargerle di zucchero e servirle.

DOLCE' DI CREMA Keneffa Per 8 persone: 24 fogli di pasta ouarka o pasta filo, 180 g di mandorle, 6 cucchiai di zucchero per la crema: 1 l di latte, 30 g di burro, 2 cucchiai colmi di farina di riso, 12 zollette di zucchero, 1 bicchierino d'acqua di fiori d'arancio olio per friggere Portare a ebollizione il latte assieme alle zollette dì zucchero, stemperarvi la farina dì riso, aggiungere il burro, l'acqua dì fiori d'arancio e lasciare addensare a fiamma media, mescolando costantemente. Togliere la crema dal fuoco e farla raffreddare, rimestando dì tanto in tanto. Scaldare 3 cucchiai d'olio in una padella antiaderente e friggervi le mandorle; appena diventano dorate ritirarle dal fuoco, scolarle, lasciarle raffreddare e tritarle grossolanamente; unirvi lo zucchero e mescolare bene. Friggere ì fogli dìpasta ouarka due alla volta in una padella antiaderente in un dito d'olio, scolarli quando sono dorati e impilarli in un colapasta, in modo che perdano più olio possibile. Circa 30 minuti prima dì servire comporre il dolce in un piatto da portata: sistemare sul fondo 3 fogli, cospargerli dì mandorle allo zucchero, coprire con 2 fogli e su questi versare qualche cucchiaio dì crema dì latte, poi altri 3 fogli e le mandorle zuccherate, continuando così fino a esaurire gli ingredienti. appare il dolce con la crema e guarnirlo con le mandorle rimaste.

DOLCE DI MANDORLE E MIELE Baklava Per 8-10 persone: 500 g di pasta ouarka o pasta filo, 800 g di mandorle sgusciate, 200 g di zucchero, 100 g di miele, 2 cucchiai di estratto di vaniglia, cucchiaini di cannella, chiodi di garofano, il succo di 1 limone, 1/2 tazza d'acqua, 100 g di burro Mescolare le mandorle tritate, la cannella e un pizzico di chiodi di garofano. Ungere con il burro una pirofila da forno e sistemarvi 4 fogli di pasta ouarka, cospargerla con un po' del trito alle mandorle e ricoprire con altra pasta; ripetere l'operazione fino a esaurimento degli ingredienti, terminando con la pasta. Sciogliere il resto del burro e cospargerlo uniformemente sulla preparazione. Tagliare il dolce, lasciandolo nella pirofila, a quadrati o a losanghe e infornarlo, a temperatura media, per circa 45 minuti. Nel frattempo riunire in una pentola lo zucchero, il miele, l'essenza di vaniglia, il succo del limone e l'acqua; portare a bollore, to- gliendo l'eventuale schiuma. Appena sfornato il baklava, versarvi sopra un po' di sciroppo in modo che se ne imbeva uniformemente; al momento di servire, suddividere le porzioni nei piattini da dessert e versarvi sopra altro sciroppo. Questo dolce può essere gustato sia caldo sia freddo.

LOSANGHE FARCITE AI DATTERI ALL'ALGERINA Makroudh per 8 persone: 500 g di semolino, 2 dl d'olio extravergine d'oliva, acqua, bicarbonato, 1/2 cucchiaino di sale per la pasta di datteri: 300 g di datteri snocciolati, 200 g di zucchero, 1 cucchiaino di scorza d'arancia grattugiata, olio extravergine d'oliva per lo sciroppo: 2 dl d'acqua, 500 g di zucchero, 2 cucchiai d'acqua di fiori d'arancio In una ciotola mescolare il semolino con l'olio tiepido, un pizzico di bicarbonato, il sale. Amalgamare con cura l'acqua calda necessaria a ottenere un impasto consistente. Farlo raffreddare, mescolando di tanto in tanto, quindi lasciarlo riposare per 30 minuti. Tritare i datteri in un mixer con lo zucchero, un po' d'olio e la scorza d'arancia. Mettere l'impasto di semolino su un piano da lavoro unto, stenderlo allo spessore di un centimetro e tagliarlo a strisce larghe 8-10 centimetri. Mettere al centro di ogni striscia un rotolino di pasta di datteri e arrotolare il semolino attorno alla farcia. Schiacciare i rotoli così ottenuti all'altezza di un centimetro e mezzo e tagliarli a losanghe. Sistemare i dolcetti su una placca da forno e cuocerli per 25-30 minuti in forno a 200 °C. Intanto, per lo sciroppo, versare lo zucchero e l'acqua in un tegame e, mescolando, scaldarli fino a quando lo zucchero sarà completamente sciolto; allontanare dal fuoco e aggiungervi l'acqua di fiori d'arancio. Quando i dolcetti sono cotti, metterli a raffreddare per 2 minuti nello sciroppo, estrarli e lasciarli asciugare.

LOSANGHE FARCITE DI DATTERI ALL'ALGERINA

Makroudh Per 8 persone: 500 g di semolino, 200 g di burro, acqua, sale per la pasta di mandorle: 300 g di mandorle spellate, 200 g di zucchero, 3 cucchiai d'acqua di fiori d'arancio, 1 cucchiaino di cannellain polvere per lo sciroppo:2 dl d'acqua, 2 cucchiai d'acqua di fiori d'arancio, 500 g di zucchero olio per friggere In una ciotola amalgamare il semolino con il burro fuso e un pizzico di sale. Aggiungere l'acqua calda necessaria a ottenere un impasto consistente, mescolando con cura. Farlo raffreddare, rimestando di tanto in tanto, quindi lasciarlo riposare per 30 minuti. Preparare la pasta di mandorle tritando e mescolando in un mixer lo zucchero, le mandorle, la cannella e l'acqua di fiori d'arancio. Mettere l'impasto di semolino su un piano da lavoro unto, stenderlo allo spessore di un centimetro e tagliarlo a strisce larghe 810 centimetri. Mettere al centro di ogni striscia unrotolino di pasta di mandorle e arrotolare il semolino attorno alla farcia. Schiacciare i rotoli così ottenuti all'altezza di un centimetro e mezzo e ta- gliarli a losanghe. Preparare lo sciroppo versando lo zucchero e l'acqua in un tegame; quindi scaldarli, mescolando, fino a quando lo zucchero sarà completamente sciolto. Allontanare dal fuoco e aggiungervi l'acqua di fiori d'arancio. Scaldare in una padella abbondante olio per friggere, calarvi i makroudh e cuocerli, facendoli dorare da entrambi i lati. Man mano che sono pronti, metterli ad asciugare su carta da cucina e quindi immergerli, per alcuni minuti, nello sciroppo; estrarli e lasciarli asciugare.

DOLCE DI SEMOLINO E DATTERI Per 8 persone: 400 g di semolino, 250 g di datteri, 100 g di burro, 2-3 cucchiai d'acqua di fiori d'arancio, 1 cucchiaio colmo di miele, 1/2 cucchiaino di cannella in polvere , 4-5 chiodi di garofano, 1 cucchiaio d'olio extravergine d'oliva Fare un impasto con il semolino, l'acqua di fiori d'arancio e il burro ammorbidito, amalgamando bene il tutto. Snocciolare i datteri e tritarli finemente assieme ai chiodi di garofano; unire anche la cannella e il miele. Ungere una padella con l'olio e adagiarvi metà dell'impasto di semolino. Stendere su questo i datteri tritati e coprire con il resto della pasta. Cuocere il dolce prima da un lato e poi, come si fa per una frittata, rivoltarlo e terminare la cottura.

ROTOLO ALLE MANDORLE M'hencha per 8 persone:: 8 -10 fogli di pasta ouarka di 20x25 cm, 1 uovo, 2 cucchiai d'acqua, burro, zucchero a velo, cannella in polvere, per la pasta di mandorle: 300 g di mandorle spellate, 100 g di zucchero a velo, 1/2 cucchiaio d'acqua di fiori d'arancio, 1 cucchiaino di essenza di vaniglia, 1 cucchiaino di essenza di mandorle, 5-6 cucchiai di burro, la scorza di 1/2 arancia grattugiata (facoltativa) Tritare finemente le mandorle e versarle in una ciotola; aggiungervi lo zucchero, l'acqua di fiori d'arancio, il burro fuso, le essenze di vaniglia e di mandorle e, a piacere, la scorza d'arancia grattugiata. Mescolare fino a che gli ingredienti siano ben amalgamati e, quindi, mettere il composto in frigorifero a rassodare. Dividere la pasta di mandorle fredda in 12 pezzi uguali e rotolarli sul piano da lavoro fino a ottenere dei cilindretti di circa un centimetro di spessore. Preriscaldare il forno a 180 °C. Sovrapporre leggermente i fogli di pasta ouarka 2 a 2 su un lato corto incollandoli con un po' d'acqua in modo da ottenere dei lunghi rettangoli; disporre su ognuno 4 rotoli di pasta di mandorle e avvolgere i fogli formando dei salsicciotti lunghi e stretti. Eliminare la pasta che avanza alle estremità lasciandone un centimetro che servirà a unire i segmenti fra di loro. Imburrare una teglia da forno e disporvi il primo salsicciotto di pasta arrotolandolo su se stesso partendo dal centro della teglia; continuare con gli altri segmenti, sovrapponendo la pasta delle estremità e incollandola sempre con un velo d'acqua: si dovrebbe ottenere una spirale grande quanto la teglia. Spennellare il dolce con l'uovo sbattuto con l'acqua e metterlo in forno fino a quando la pasta diviene croccante e dorata. Rivoltare il dolce nella teglia e cuocerlo per altri 10-15 minuti. Al momento di servire sformare il dolce in un piatto da portata, cospargerlo abbondantemente di zucchero a velo e decorarlo con la cannella in polvere disegnando delle linee a piacere.

MACEDONIA DI FRUTTA SECCA Khoshaf Per 4-6 persone: 200 g di prugne secche snocciolate, 200 g di fichi secchi, 100 g d'uva passa, 200 g di zucchero, 2 dl d'acqua, mandorle spellate, pinoli sgusciati Far rinvenire l'uva passa in acqua tiepida per 10 minuti. Mettere tutta la frutta, escluse le mandorle e i pinoli, in un contenitore; versarvi sopra lo zucchero e l'acqua bollente. Coprire il contenitore, lasciare che si raffreddi e poi metterlo in frigorifero. Il khoshaf è migliore servito dopo un giorno, o almeno dopo alcune ore, dalla preparazione. Al momento diservirlo cospargerlo di pinoli e mandorle tagliate a lamelle.

PASTICCINI ALLE NOCCIOLE Ghorayebah Per 8 persone: 250 g di farina, 250 g di burro, 125 g di zucchero, 60 g di nocciole sgusciate, pistacchi sgusciati Lavorare il burro fino a ottenere un composto soffice e spumoso; aggiungervi poco alla volta lo zucchero e lavorare per altri 5 minuti fino a ottenere una crema liscia. Aggiungere, sempre mescolando, la farina e le nocciole tritate molto finemente. Formare con il composto delle palline grandi come una noce e allinearle, distanziate, su una teglia da forno; schiacciarle leggermente e inserire al centro di ognuna un pistacchio. Infornare a 160 °C per 20-30 minuti, facendo però attenzione perché i pasticcini devono restare bianchi. Questi dolcetti sono tradizionalmente serviti con il tè.

SFOGLIATINE CON MIELE E MANDORLE Per 8 persone: 250 g di pasta ouarka o pasta filo, burro, miele per la pasta di mandorle: 250 g di mandorle spellate, 100 g di zucchero, burro, 2 cucchiaini d'acqua di fiori d'arancio olio per friggere Tostare le mandorle in una padella antiaderente, farle raffreddare e tritarle in un mixer con un po' di zucchero. Versarle in una ciotola e mescolarle con il rimanente zucchero, l'acqua di fiori d'arancio e il burro fuso necessario per ottenere un composto morbido. Tagliare la pasta a strisce rettangolari di circa 5-6 centimetri e spennellarle con il burro fuso. Dividere il composto di mandorle fra le strisce mettendolo sull'angolo in alto a destra; ripiegare in sbieco l'angolo con il ripieno verso sinistra e ripiegare verso l'interno il rimanente lembo di pasta, in modo da ottenere un pacchetto di forma triangolare. Friggere le sfogliatine nell'olio caldo, girandole spesso, finché sa ranno uniformemente dorate e farle asciugare su carta da cucina. Scaldare a fuoco basso, in una casseruola, qualche cucchiaio di miele e immergervi i dolcetti rigirandoli più volte in modo da ricoprirli uniformemente; lasciarli raffreddare prima di servire. Queste sfogliatine si possono preparare anche con la pasta filo o con la pasta sfoglia: in quest'ultimo caso tagliarla a quadrati, farcirla con il composto alle mandorle, piegarla a triangolo e cuocerla in forno a 200 °C per 15-20 minuti. Dizionario di Cucina Araba.

BAHARAT (o BJAR) Misto di spezie in uso nei Paesi arabi.

BAKLAWA (o BAKLAVA) Dessert di pasta a strati farcita di noci e immersa in uno sciroppo di miele e limone. E servita spesso a forma di losanga o triangolo.

BAMIA (OKRA o GOMBO) Verdura dalla forma di piccola zucchina. Si trova iia fresca sia in scatola ed è spesso usata per accompagnare piatti di carne.

BASTE La Torta di pasta sottilissima, che racchiude carne arrosto (di solito ciccione) e mandorle. BRIK Crespella sottilissima, variamente farcita e fritta.

BURGHUL Grano sottoposto a cottura al vapore, essiccato e quindi macinato grossolanamente.

CARDAMOMO Pianta i cui semi oleosi si usano soprattutto per profumare il caffè e il tè.

CARVI È una spezia molto usata nella cucina araba; i tunisini la mescolano con coriandolo in polvere, peperoncino e aglio; questo preparato è chiamato tabes.

COUSCOUS Il couscous è in realtà un piatto di origine berbera e non araba. La parola couscous indica allo stesso tempo sia la semola lavorata sia il piatto che ne deriva condito con verdura, carne o pesce.

COUSCUSSIERA Tradizionale pentola speciale per la preparazione del couscous. È composta da due parti: una superiore, detta cestello, forata alla base per cuocere la semola a vapore e una inferiore, detta tegame o marmitta, per cuocere il condimento.

FALAFEL Sono polpette fritte di fave o ceci tritati aromatizzate con cipolla, aglio e coriandolo.

FATAYER Pasta ripiena di spinaci, carne o formaggio. FATTUSH Insalata con crostini, cetrioli, pomodori e menta.

GAHWA (o KAHWA) Caffè. HALBA (o FIENOGRECO) Piccoli semi gialli usati prevalentemente nella penisola araba per le loro proprietà sedative e antireumatiche.

HALIB Latte.

HALVA (o HALWA) Dolce simile al torrone, ma fatto con pasta di sesamo, frutta secca e miele.

HARIRA Zuppa preparata con carne e legumi secchi; è un piatto particolarmente leggero, ma completo, molto consumata nel periodo del Ramadan in quanto adatta a rompere le lunghe ore di digiuno.

HARISSA E' una specialità tunisina diffusa in tutto il mondo arabo. Consiste in un impasto di peperoncino rosso fresco, aglio e olio extravergine d'oliva.

HUMMUS È una crema di ceci con aglio, succo di limone e olio extravergine d'oliva.

KAMUN (o cumino) Spezia aromatica e digestiva, il cui seme assomiglia molto a quello del finocchio. Nei Paesi arabi viene quasi sempre accompagnata alla paprica dolce.

KASER È un formaggio che si ritiene d'origine ebraica. E più piccante del provolone ma meno del pecorino; lo si può sostituire con entrambi i formaggi mescolati.

KEBAB Spiedini di carne o pesce, tradizionalmente cotti sulla carbonella. KHOBZ Pane sottile e rotondo fatto con farina integrale e di mais.

KHURKUM (o curcuma) Spezia di origine indiana di colore giallo-arancione, oltre al sapore dà ai piatti anche il colore, per questo viene considerata lo zafferano dei poveri.

KIBBEH (o KIBBE) Polpette di carne d'agnello macinata e burghu.

LKIBBEH NAYE Carne macinata cruda, una specie di bistecca alla tartara.

KOFTA Polpettine di carne, cipolle e spezie, cotte con salsa di sesamo o di pomodoro.

KUZBUR (o coriandolo) Erba aromatica con fiorellini bianchi; assomiglia molto al prezzemolo, ma ha aroma più forte. I suoi semi hanno un sapore molto diverso da quello delle foglie della pianta fresca.

LABAN Nome arabo dello yogurt, bianco e piuttosto denso, o del latte acido usato in cucina come sostituto del latte.

LABANAH Yogurt particolare, compatto, più simile a un formaggio morbido.

MA EL ZAHR (o ACQUA DI FIORI D'ARANCIO) Distillato non alcolico di fiori d'arancio; serve per aromatizzare dolci e dessert, ma anche piatti salati.

MA EL WARD (o ACQUA DI FIORI DI ROSA) Distillato non alcolico di fiori di rosa, molto aromatico. Viene usato nella preparazione di dolci.

MAQLUBA Piatto a base di pollo o pesce, riso e melanzane o cavolfiore.

MEZZEH Sono gli antipasti sempre presenti sulle tavole arabe: salse, purea di legumi, polpette, insalate e formaggi.

MUBASSAL Frittelle di cipolla.

MUHALABIA Budino di semola servito freddo.

MUHAMMARA Pasta di noci lavorata con olio extravergine d'oliva, cumino e peperoncino; si mangia spalmata sul pane arabo.

RAS AL-HANUT Miscuglio di spezie macinate, tra cui: pepe nero, noce moscata, cannella, chiodi di garofano, zenzero, boccioli di rosa, curcuma, cardamomo, macis, nigella, radice di iris ecc.

SCAI (o CHAI) Tè.

SHAWERMA Cono di carne pressata di agnello, pollo o manzo, messa a cuocere su uno spiedo verticale con il fuoco ai lati; la carne viene tagliata, man mano che si cuoce, dalla parte esterna mentre lo spiedo continua a girare. Con lo stesso termine si indica un sandwich ottenuto con carne cotta allo spiedo, verdure fresche, salse e sottaceti.

SHEESHA Tipica pipa araba per fumare foglie di tabacco o frutta secca, nella quale il fumo passa prima attraverso un filtro ad acqua.

SHISH KEBAB Tradizionali spiedini di carne ovina o bovina cotti alla brace, serviti con salsa piccante a parte.

SHISH TA UK Spiedini di pollo cotti su carbonella.

SHURBA Zuppa.

SUKKAR Zucchero.

TABBULEH Insalata di burghul, pomodoro, menta e prezzemolo.

TAGINA Recipiente in terracotta con un coperchio di forma conica. Viene chiamato tagina anche il piatto di carne o pesce e verdura che vi viene cotto. Tradizionalmente va messo sul bajmar, un braciere a carbonella o a legna. Per usare la tagina su una cucina moderna bisogna mettere una retina frangifiamma tra il recipiente e il fuoco.

TAHINA Crema oleosa che si ottiene dai semi di sesamo tostati e spremuti; è molto densa e di colore nocciola.

TAKLIA Spezia fatta con aglio e coriandolo.

TARATOUR Maionese di pinoli, coriandolo e limone.

ZATTAR Miscela di spezie composta da timo, maggiorana, sommacco e sale pestati.

CHIACCHIERE E CONSIGLI

Chiacchiere e Consigli 1 - La tahina è una pasta cremosa di colore nocciola preparata con semi di sesamo macinati. Può essere servita come spuntino, insaporita con aglio e succo di limone e accompagnata con pane. Più spesso, però, si adopera come condimento, in quanto ricchissima d'olio. Poiché in commercio ve ne sono vari tipi con differente densità, a volte è necessario diluirla con un po' d'acqua per ottenere la consistenza più indicata.

Chiacchiere e Consigli 2 - Debs rummaneh è una salsa liquida agrodolce a base di succo di melograno; la si può sostituire con succo di limone in cui si è lasciato ammorbidire qualche chicco di uva passa.

Chiacchiere e Consigli 3 - Tradizionalmente sono chiamati Chawarma anche i panini imbottiti con queste fettine di carne, foglie d'insalata e fette di pomodoro, abitualmente consumati come spuntini. Il burghul si ottiene del grano duro fatto germinare e quindi precotto, macinato grossolanamente o spezzettato. È ricchissimo di elementi nutritivi, di rapida preparazione e spesso usato per l'elaborazione di vari piatti in Medio Oriente. Può essere eventualmente sostituito con couscous precotto.

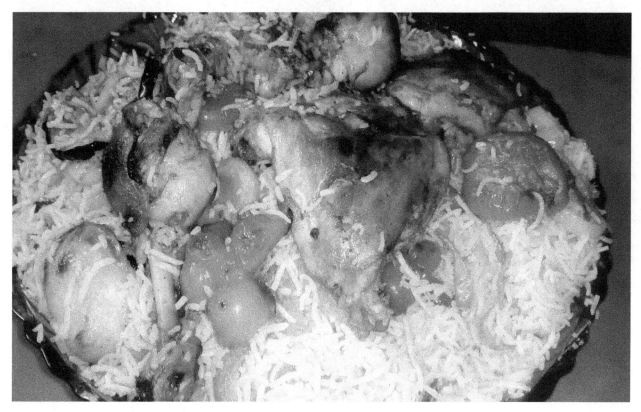

Siamo Arrivati Alla Conclusione

Ci Complimentiamo Con Te Per Aver Scelto Questo Doppio Libro !

Sei Rimasto Soddisfatto ? Allora Ti invitiamo a Lasciare

Un FeedBack Positivo a 5 Stelle !

Grazie Di Cuore :)

LEGAL

CPSIA information can be obtained
at www.ICGtesting.com
Printed in the USA
BVHW061103030521
606339BV00010B/1476